ヤマケイ文庫

アウトドア・ものローグ

Ashizawa Kazuhiro　芦澤一洋

Yamakei Library

アウトドア・ものローグ　目次

アウトドア・ものローグ

自然とつきあう五十章

文庫版発刊にあたって

本書の原著『アウトドア・ものローグ』は一九八五年八月、『自然とつきあう五十章』は一九七九年六月に森林書房から刊行されたものです。したがって、アウトドア・ライフや登山を取り巻く環境とその思想は、現在とは異なる場合があります。また、紹介された用具や衣料品、素材などは現在では入手困難なものや大きく変化したものがあり、用語・技術も現在とは異なることがあることをご了解ください。文庫化にあたっては、当時のアウトドアの概念や思想的背景を理解していただくための文献として、原著のまま収録しました。

編集部

アウトドア・ものローグ

遠足愛好者の軽登山靴

低山・高原逍遥の足元を飾る一足の軽登山靴。ライト感覚の源を考えると…

小学校高学年、三ツ峠遠足。足元は油紙でできたスリッポンだった。中学生、富士登山。はっきりした記憶がないのだが、おそらく白いスニーカー。高校生、甲府松本間二十四時間強歩遠足、足まわりは草鞋《わらじ》。そして大学、はじめての北アルプス槍ガ岳、黒のナーゲル。*1

選択ということが考えられない時代だった。ものはいつもひとつしかなかった。遠足の履きもの。それに私は深い郷愁を感ずる。靴を思い浮かべると、同時に、その足が歩いた道が、そして周囲の風景がなつかしくよみがえってくるのだ。少年の日の思い出もつい昨日のことのようだ。

私がこれまでに履いた登山靴はたったの二足、今使っているのが三足目だ。靴は一度手に入れると、なかなか、その生命を終わりにしない。長く深いつきあいになる。

部屋の中に新聞紙を広げ、その上に登山靴を置き、ブラシやクリームをならべる。鞣《なめ》された皮革の匂いが一面に漂っている。幸福な時間だ。靴の中に左手を入れると、中のパッド部分が手首に当たり、そのしっとりとした皮の感触が、昨日まで歩いてい

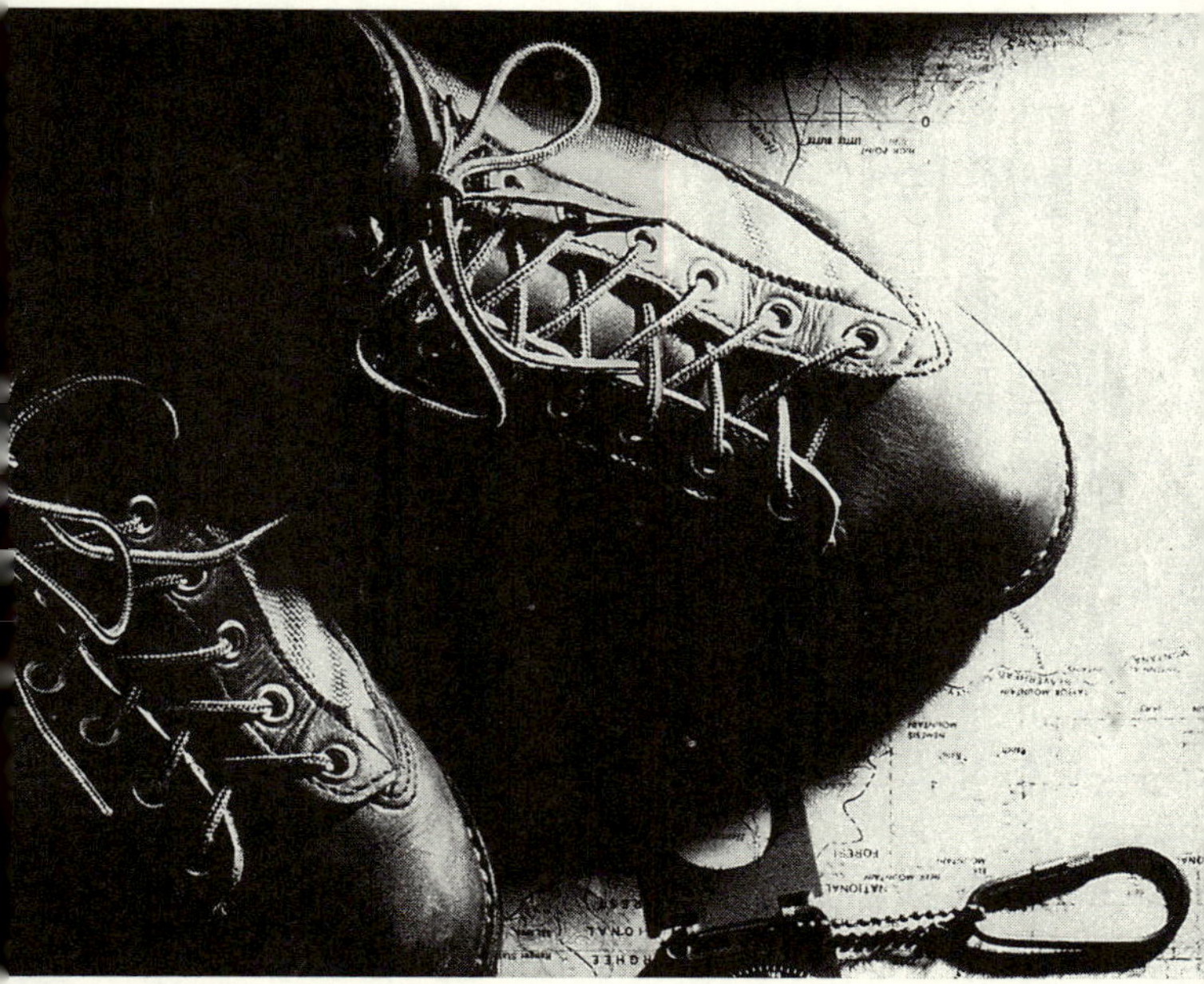

甲部にコーデュラ・ナイロン使用のダナー製アウトドア・ブーツ。皮革部の裏にもゴアテックスのライニングが張られ、通気性を最大限に重視している。

た山道の石と土の匂いを呼び覚ます。手入れして履き、履いては直す。

靴が足に馴染んで、足元に対する意識が薄れ、靴の重さや硬直さが気にならなくなった時、山旅は急激に楽しいものになる。靴を意識していた間、旅は苦しさのほうが勝っていたことに改めて気がつく。

自分の履く靴はもう、すっかり決まっていてそれを動かしようもないのに、私は今でも、野外で使用する靴を見るのが好きだ。カタログのなかでも、もっとも長い時間、靴のページに目をとめることになる。

「日本は御承知の通りの山国でありますが、その山国ぶりがよほど西洋の国々とは違うように思われます。とりわけ北米合衆国の如き土地広く人の少ない国は正反対のよき例であります。十五度とか二十度とかの傾斜度を境にして、それより険岨な部分は山地としてその範囲内には殆ど人が住みません。なるほど木樵《きこり》炭焼牛飼羊飼が入り猟師薬草採りも入り、又は登山の客避暑の客も来れば、これを相手の宿屋の類もありますが、その数は知れたもので、大体から申せば平野は人間の住処《すみか》山岳は野獣の住所というように、自然に区画せられているかと思います」[*2]という意見がもっともだと考えた時期が私にもある。まだ合衆国に出掛ける機会のなかったころのことだ。

集めたカタログのうちにゴーキー社[*3]のものも含まれていて、その中に膝下までの臑《すね》当《あ》てをつけた皮靴があり、それが蛇除け用の靴と知ってひどく感嘆し、それを必要とする土地に強い憧れ心を抱いたものだった。その靴がほしかったわけではない。それを必要とする土地とは、一体どんなところなのか知りたかったのだ。

この靴はとても印象に残っていたので、その後、ソール・ベロウの『ハーツォグ』を読んだ際、「持って降りた品は、古いレーンコートと雨天用の帽子、セント・ポールのゴーキーに注文でつくらせた深靴——柔軟性があって、しかも、蛇の歯にも耐えられる強靭な皮質。こうした品が[*4]……」などという一文に出会って、さらに驚き、それと同時になんとなくうれしくなってしまったのをよく覚えている。本当に蛇除けの靴は今も作られ、売られ、使われているのだ。野獣のすむところというその傾斜地に結構人が多くいることを確認して、それほど私たちの生活と違いがあるわけでもないなと思うようになりはしたが、ただそこで実際に履かれている靴のデザインを見るにつけ、やはり大陸の傾斜地は野獣の住所、人はただそこを訪れるだけ、という意識が改めて湧いてくる気がしないでもない。

靴に求める条件、それはひたすら軽さ。だから最近の登山靴の軽量化はなににもましてうれしいところ。ユニークなのは甲部やライニングに、ゴアテックスやシンサレート、コーデュラなどの人造繊維を使う傾向が見えてきたことだ。出所はまたも野獣の住所の大陸の地。その材質には信頼を置くとしても、問題は雨の多い、水とのつきあいの多いこの島国での耐久性だ。

高原や低い土地を逍遥するだけの遠足愛好家にとって、軽登山靴はいってみれば、一生の財産。使いこむほどに光り輝いてくる皮革の靴にかわる信頼をこの新素材の靴が得られるかどうか、私は自分の目で確かめることができそうもない。なにしろ今の三代目が丈夫だからだ。

＊1　数種類の鉄鋲を革底に打ちつけた登山靴。今はゴム製のビブラム底にとって代わられ、姿を消した。
＊2　『定本柳田国男集』「山民の生活」柳田国男著、筑摩書房。
＊3　GORKEY ミネソタ州にある古くからのアウトドア用品店
＊4　『ハーツォグ』ソール・ベロウ著、宇野利泰訳、早川書房、文庫。

足型寸法計測器具

“完全なる自由”の獲得こそ旅の目的。
その旅は“靴選び”からはじまる

月に一度ほどの割合で、靴の夢を見る。正しくは、靴に悩まされている足の夢だ。どこも悪くなければ夢になるわけがない。確かに足の状態はひどいものだ。一年中、爪が死んでいる。

釣りの際のウェーディング・シューズ。これを履いて渓流を歩くと、すぐに爪が傷む。テニス・シューズも同じだ。練習が多少なりときつくなると、たちまち爪が死ぬ。傷むのは爪ばかりではない。クロスカントリー・スキー靴を履けば、第二指、三指の付け根上側がこすれて傷になる。足の裏側もまるで不毛の荒野といったあんばいだ。裸足で戦場をかけまわった〝エチオピア兵士〟[*1]のそれとたいして変わらない。硬くなり、ひび割れている。

足は常にトラブルにまきこまれているのだ。その原因は、靴と足との馴染みの薄さだ。履きなれてしまえば、どんな靴も足を傷めつけることはない。それと、新しい靴を選ぶ時の、妥協する心にも問題がある。多少異和感があっても面倒くさくなって、つい、それでいい、と言ってしまう。後悔してみるが、その時は遅い。無理を承知しながら使い、予定どおり肉刺《まめ》をつくってしまう。

靴がなければ少しも歩けはしないのに、考えてみると、その靴の選び方はいかにも雑だ。服のほうは専門のテーラーがあったりして、既製品でない自分だけのものを身につけていたりするのに、靴となると、たいていの場合、店先の出来合いの中から好みのものを選んでしまう。何故かは知らない。

今、使っている登山靴の一代前のものは、自分だけのオーダーメイドの製品だった。コッペパンのような体裁の悪い靴だったが、履き心地は悪かろうはずがなく、どこを旅しても、具合悪さを味わったことがなかった。それ以前の登山靴はいわゆるナーゲル靴で、これがまた、むやみと重く、まるで鉛の塊を運んでいる感じ。憂欝な気分にいつもさせられていた。この靴を履いての旅に楽しい思い出はない。

歩くための大事な道具。それを選ぶ規準がまだ、あやふやだ。これがなければ旅を楽しみ、エミールのように〝人生を楽しむ〟ことが不可能と知りつつも、靴への思いやりは決して深くはない。不思議としか言いようがない。心地良い靴があってはじめて歩くという行為が価値あるものになるというのに。

「徒歩旅行をするということ、それはタレスやプラトンやピタゴラスのように旅をす

スポーツショップに置かれているブラノック・ディバイス。アーチ長を正確に計測できる。

ることだ。哲学者たる者が、どうしてほかの方法で旅をする気になれるのか、自分の足が踏んでいる大地の富、また大地が目の前に惜しげもなくひろげている豊かな富をどうして調べてみずにいられるのか、わたしは理解に苦しむ。……わたしがいつも見てきたことだが、乗りごこちのよい、りっぱな馬車に乗って旅行している人たちは、物思いに沈んだり、浮かない顔をしていたり、不平をいったり、苦しそうにしていたりするものだ。ところが、歩いている人たちはいつも快活で、足取りも軽く、あらゆることに満足している。……目的地に着くことだけを望むのなら、駅馬車を走らせるのもよかろう。しかし旅をしたいと思うのなら、歩いていかなければならない」

エミールの時代も、今も、「快適な旅のしかたは一つしか考えられない。それは歩いていくことだ。」旅の最良の友、それが靴。靴選びにこそ、納得のいくまでの長い時間をかけねばならない。

友人がサンフランシスコの名代の靴店で、スポーツ・ブーツを買うのにつきあったことがある。ベテランの店員が友人の前に座りこみ足を測りはじめた。ブラノック・ディバイスと呼ばれる足型計測器を目にしたのは、その時がはじめてだった。ディバイスの上に足を置く。ヒールを固定し、アーチ[*2]の上の、もっとも横幅のある部分に、移動させたバーを当てる。踵《かかと》から爪先までの長さ、アーチ部分だけの長さ、またアーチ部分の最大横幅が同時に測られる。右足と左足、それぞれを測る。

レッドウイングをはじめとするスポーツ・ブーツあるいは登山靴など、合衆国製のアウトドア・シューズは、その横幅が九段階に区分されている。狭い方から広い方へ向かって、3A、AA、A、B、C、D、E、EE、3Eとなっているのだ。全長、アーチ長、横幅、その三種が合ってはじめて、自分の足にフィットしたサイズの靴が選びだされることになる。足は人それぞれだ。アーチ長が同じでも足指の長さが違えば全長は異なるものになる。ただ全長だけを合わせて靴選びしたのでは、本当の心地良さを求めることはできないのだということを、この測器具が教えてくれている。靴選びは一日がかりの仕事だ。靴を作った者、靴を売る者、そして靴を買う者。それぞれが全力を出しきらねばならない。

徒歩旅行の第一歩は、靴選びにはじまる。

＊1　アルフレッド・アイゼンスタットの名作写真。
＊2　『世界の大思想』17「エミール」ジャン・ジャック・ルソー著、平岡昇訳、河出書房新社。
＊3　土踏まず部分。

ルックサック

自然との共生の道を歩きはじめた
旅人の背に躍る理想の収納袋とは…

私は新参のルックサック人間。この登山用大袋を背負うようになったのはほかでもない、一九六〇年代の〝若者革命〟[*1]とでも呼ぶべき嵐の中を通過したこと、さらに嵐の前触れでもあった〝旅の人たち〟ビートニク[*2]世代の中に自分の青春があったことによる。

「いずれ東と西とは一つになるよ。考えてもみ給え。東と西が遂に一つになったならばどんなに偉大な世界革命が起こるだろう、しかも、その口火を切ることができるのは結局ぼくらのような者だぜ。目に浮かんでくるだろう。今に世界中の幾百万とない仲間がリュックサックを背負ってテクテク歩いたり、ヒッチハイクをやったりしながら田舎や奥地をめぐってあらゆる人に不立文字を伝えてゆく[*3]……」

ジャフィー・ライダー[*4]のこの思い、この願いが、私の背にルックサックを載せたのだった。〝ルックサック革命〟が成功したかどうか私は知らない。しかし今、自然という言葉、あるいはその存在について意識し、考えながら暮らそうとする人たちの数は、以前よりも多くなっていることは間違いないように思う。そこに答えがありそうだ。

ベルガンスのルックサック。細いメタル・フレームがついていて、背中とサックの間に隙間を作り出す。柔らかな革の手触りが素敵。

「唐突にきこえようと、きこえまいと、他の生物的自然との共存共栄の論理、深い洞察への視野は、その視野を育んだ精神的土壌と無縁ではありえない。たとえば、かつて北米大陸を風靡し、吹き荒れもしたヒッピー精神の嵐。いうまでもなく、この周辺にも退廃的亜流や、単純粗暴な風俗的バリエーションが生れたが、その原初的な純粋精神の部分は、とりわけ当時の優秀な若者たちの感受性に知的衝激を与えることとなった。一九五〇年代から六〇年代にかけて、なおブルジョア的自己満足、マテリアリスチックな悪趣味、自己欺瞞等々の脂肪で醜く太った中産階級の体質、〝大人たちの世代〟に対しても、純粋透明な批評の矢が放たれる。こうして、ヒッピー精神の内部の、ヒューマニスチックな自己確認と成熟が、とりわけベトナム以降の知識人の心を洗浄することに貢献したのだった。その『力』は、今誰もが認めざるを得ない社会正義感と科学的平衡感覚の上に立ち上った。[*5]」

東と西がひとつになる究極の姿を見ることはまだできない。しかし、それぞれの地で、多くの人間が、自らの生きる方途を探り、その道は自然との共生の中にあり、と看破しはじめていることは間違いのないところのような気がする。桃源郷への道をたどる旅人の背で躍るルックサックの中には、〝春〟がいっぱい詰められていることを、私は今も少しも疑っていないのだ。

ルックサックを背負い、杖を手にとる。旅に出かける気分が体中にあふれてくる。背にしっくりと馴染んだルックサックは、古い上着と同様、もう体の一部になっている。「総ての登山具、身の廻り品、宿営用品の外、食料、医薬品等およその人の山旅に必要なものはことごとくこれをリュクザックに収めて、自分のリュクザックは自分で負わなくてはならない。

型・種類は色々工夫されて変ったものも出来ているが、出来るだけ簡単なものが良い。外側に大小種々なポッケットを付けたり鐶《かん》を取り付けたものは感心しない。騎兵や輜重兵《しちょうへい》の軍鞍の様にガッチリと色々な道具を外側に厳く取り付けた様子は見た目にも素人臭くて苦笑を催させられる。勿論完全な防水加工をしたズック製たる事。」[*6]

今、私の愛用するルックサックは、いずれも化学繊維でできている。防水加工を施したコットン・ダック（ズック）ではない。それがなんとも残念でならない。青年前期、はじめて槍ガ岳へ登った時、私の背には洗いこまれ、白さを一層ましたズックのルックサックがあった。肩紐は柔らかな牛皮で、汗を吸うと、この皮革が、いかにも夏らしい、暑くるしい匂いを発散したものだった。この思い出のルックサックは、それより以前、わずかばかりの食料を求めて足を棒にする母の背にあったものだった。コットン・ダックはやがて繊維の強度を失い、周到を極める旅の用具たちを納める仕事から開放された。ルックサックというとまずこの白い大袋が目に浮かんでくる。

アルミニウムの背負子枠に背のうをつけ、腰回りにベルトを装着させたバックパックをはじめて見た日の驚異も、私は忘れられない。〝これなら自分にも、重い荷を背負って野営に行くことができるかも知れない〟目の前がにわかに明るくなる思いだった。バックパックこそ、東と西をつなぐ、革命の象徴のように見えたものだった。

それから幾つかの昔が過ぎて、今はさらに欲張り、強度のあるコットン・ダックの背のうと、軽量で、なおかつ強度のある木製のS字形背負子枠とでできたバックパックが欲しいと、私は考えているところだ。日本の自然の中は、金属や化学繊維でない素材を身につけて歩きたい。いや、世界のどこを歩く時も……

理想のルックサックはなかなか見つからない。

＊1　一九六四年、カリフォルニア大学バークレイ・キャンパスで発生した抗議運動を機にして世界中に広まった。学生と若者を中心とした文化活動。
＊2　第二次大戦後、最初の文化的衝撃。放浪をテーマにして、いくつかの文学作品が生まれた。
＊3　『禅ヒッピー』ジャック・ケルーアック著、小原広忠訳、太陽社。
＊4　『禅ヒッピー』に登場する副主人公。モデルは詩人のゲイリー・スナイダー。
＊5　『都市環境の美学』漆原美代子著、日本放送出版協会、NHKブックス。
＊6　『登山とキャンプ地案内』「登山の準備」村山太郎著、誠文堂。

遊歩人の杖

それは体や重荷ばかりではなく、心まで支えてくれる。

私は杖が大好きだ。大抵の遠足に杖を持って出掛ける。「片手がいつもふさがれていては、なにかと不自由でしょう」と、よく人に言われるのだが、私は本気で杖が邪魔なものと考えたことは一度もない。どんな小さな旅の中でも、杖を持っていてよかった、としみじみ思う出来事に一度や二度は必ず出会う。歩行中のこともあるし、渡渉中のこともある。野宿中のこともあり、なんでもない時のこともある。山にせよ、渓にせよ、旅に出る以上、私は杖を持つ。いつも釣竿を手にして川を歩いてきたせいか、手に何かを持っている、ということが、それほど苦痛ではない。嫌いではない。というより、掌の中に杖の感触があり、あるいは身近にそれがあることによって、何よりも強い安心感、心の平衡を私は得ている。手離せないのだ。どうやら杖は、体ばかりでなく、心の支えにもなっているらしい。

「杖の使命は身をささえて疲労の軽減と労力負担を分けもつものと考える。されば道ゆく人にとって杖は甚だたよりになるものである。坂路をよちよちと登り降りするとき、これがあるために大いに助かることは多くの体験する通りであって、殊に重荷を担う剛力、登山者においては欠くべからざる必需品となっている。杖のもうひとつの用途は時にとって危険を防止することである。これを以て敵を撃ち敵の攻撃を防禦するという意味ではなく、渓谷の渡渉において、その渡渉点を探りかつ激流から身を保つために杖突いたり、また足の踏みどころもない藪山においてこの杖のもつ大きな役割は普《あまね》く人々の知ることであろう。時には無防禦の身にとって、これあるがために心強さを覚えることさえある。人里を遙かに離れた山小屋や洞穴の一夜の宿りに焚火が登山者にとって真に慰安を与えるが如く一本の細身の杖が枕許にあるという小さなことが限りない心寧《やす》さを旅人に与えるものである。[*1]」

はるか四十年以上も昔、好日山荘主人[*2]の残した一文が、杖の効用のすべてを言いつくしている。面白いことに、時が過ぎ、ところも変わって合衆国、大陸の遊歩人、コリン・フレッチャーもまた、杖の効用についてまったく同じ意見をもっていて、例の『遊歩大全』の中に、こまごまとその杖、〝ウォーキング・スタッフ〟の使い道をならべている。

「……そして、いつもそうだが、休憩ごとにバックパックをスタッフで支えて、クッションのきいた背もたれにする。怠け者のせいであろうか、私はたとえ十分間の休憩でもこのバックパックの柔らかい背もたれに寄りかかってリラックスしている。ス

ハンティング・ワールドのホワイトアッシュ製杖を手に。ウレタン仕上げ、グリップの下からスナップつきの首ひもが伸びている。少しばかり上等すぎる感じも。

タッフの数多い使い道のうちでも、これは最高の機能の一つだと、いつも思っている。また今まで気にもとめなかったが、考えてみると、このスタッフを持っているおかげで、蛇だの熊だの人間だのの攻撃に対してまるっきり無防備ではないという不思議な安心感を、胸の奥にいだいているようだ。[*3]」

ふたりの言葉の共通点は、そのまま私の気持ちでもある。今でも登山者は、歩行中の休憩をしゃれて、〝一本立てる〟と隠語で言う。背中の荷物に支えの杖を立て、休息をとる状況を写した言葉であろう。この休憩、そのリラックスは、杖持つ者にしてはじめて、真底、理解される気分となる。

好日山荘主人の杖は、「自家製の直ぐな太い棒ぎれ……南アルプスの山中で拾った杖である。材は榛《はん》の木、山人夫のつくって捨てたもの。」コリン・フレッチャーのそれは、はじめ「とりたてて言うべきこともない、ごくありふれた硬い竹」だったのだが、近影の写真では、アルミ仕上げの金属製のものに変わっている。『遊歩大全』の中に「ただし愛用して、いつも持ち歩くという気にはなれないでいる。バック・カントリーの山中では、あまりにメカニカルにすぎて似合わないような気がするのだ」と書いていた、その杖らしい。

私の杖はというと、正直なところ、この一本、という決定版が未だに見つからず、苦悩しているところなのだ。夢想流の杖道を習いはじめたころ手に入れた赤樫の杖《じょう》、柄つき雑巾、モップのその長柄、川原で拾ったポプラの太枝、そしてトネリコの通直な木理の上に濃茶の彩を施し、ウォルナット風の味わいを出している合衆国製のウォーキング専用スタッフ。いずれも一長一短。ただし、今のところ使用頻度は、外国製の専用スタッフが一番、ということになっている。素材の風あいにひかれているのかも知れない。とはいえ気持ちはいつも自分ひとりだけのものが欲しいと願っていて、旅に出るたび、この杖探しにしきりと心配っている。

「山刀の鞘を払って立木を薙ぎ手頃な一本を伐り」[*4]とって自分のものとする。理想の杖。これを求めるための旅というのも、また悪くない。

＊1　『山河おちこち』西岡一雄著、朋文堂。
＊2　西岡一雄、一八八六年〜一九六四年。一九二四年に日本最初の登山用具店「好日山荘」を開いた。
＊3　『遊歩大全』（上）コリン・フレッチャー著、芦澤一洋訳、森林書房。
＊4　前出『山河おちこち』

バックパッカーナイフ

革のケースに納められたひと振りのナイフ。
それを身につける本当の理由とは。

私のナイフはハックマンのタピオ。北欧、フィンランドの刃物だ。ステンレス鋼のブレードは両刃が深いV字を見せるフラットグラインド。ヒルトは無く、グリップエンドに薄く、繊細なバットキャップが埋められていて、その容姿には、どことなく日本刀の小柄《こづか》を思わせるものがある。鈍い黒色のデルリン・グリップは、しっとりとした落ちつきをもち、なんともいえない安心感を掌に伝えてくれる。

合衆国のハンティング・ナイフが見せる、あの感情の昂ぶり、殺伐の気迫をこのナイフは微塵も感じさせない。多目的使用のバックパッカー・タイプに入るものだろうが、その働きの背景にあるものは、あくまでも魚。鮭を中心とした水中の賢者たちだ。「四足獣は体の重みで動き、言いかえれば自然に対立することで動くが、鳥や魚は体を浮かすことで動き、言いかえれば自然に服従することで動く。さからう動きはぎごちないが、服従する動きは優美である。」[*1]

このナイフが生かされる場所、それは優美な動きをもった魚が遊泳し、鳥が飛翔する土地。その魚と鳥を包みこむ渓流と森が本来の姿をしっかり見せ、海がその機能を

シース・ナイフのハックマン・タピオ。ブレードを研ぐイージー・シャープナーとともに。

充分果たしてくれている土地だ。大平原はないが、大陸内部には見られない、起伏に富んだ山川がそこにはある。そんな風土から生まれ、その風土に馴染むナイフ。それがハックマンのタピオだ。

設計者のタピオはインダストリアル・デザイナー。形の美しさの根本義が風土に、生活に、そして精神に根ざしていることをよく承知している男だ。北欧と日本。遠く離れたふたつの土地の生活と精神になにやら共通項があることを、タピオは示してくれているような気がする。

このナイフが私のところに嫁いできて十年が過ぎた。故郷の、鮭のぼる川を離れ、見知らぬ島国へ旅してきたこのナイフは、その故郷の香りと誇りを少しも失うことなく、郷関を出たものの潔さを体の隅ずみに滲出させている。私はこのナイフが好きだ。旅をともにするのはもちろんのこと、日常の生活の中でも、手元から遠ざけることはめったにない。

このナイフを見る時、私はいつも一種の清浄な気分を味わうことができるのだ。ナイフが単にものを切断し、細刻する機能のみによって存在するのではないことを、タピオのナイフは教えてくれた。このナイフの内奥には、その形を生んだ土地の万感の思いがこめられている。それがひしひしと伝わってくるのだ。ハックマンのタピオ。

このナイフは私にとって自然を感じ、自然の中の神聖さを感じ、それに近寄るための大切な依代《よりしろ》、心の道具なのだ。

山中でのひとり野宿で時折、私は不思議な気分を味わう。不思議な気分……としか言いようのない奇妙な、そして神聖な雰囲気が自分の周囲に漂うのを感じるのだ。この気分を味わいたいばかりに私は散歩し、野宿し、つまりバックパッキングの旅をしていると言えなくもないほどだ。静寂の杉、風の渉る松。鳥の群れ、泳ぐ蛇。あるいは苔むし、突起する岩。そうしたものの近くに身を置く時の緊迫感をなんと言えばいいのだろうか。風景のどこにも特別の変化はないのに、それをみつめる自分の両眼は、なにか不明瞭な雰囲気を察知し、体中の毛穴がそれに反応している。無気味さの奥の神聖さ。自然の中に凝縮されている強烈な力を感じてしまう。

ふりかえって考えると、それにめぐりあった時はいつも、自分の中になにやら清浄を求める気分が横溢していたように思うのだ。この気分を味わうことのできる土地は、私の場合、高所山岳より人里近くの端山地域だ。私は端山近くの自然、森と渓流のほとりの散歩と野宿がとりわけ好きだ。その中にひたりきり、不思議な気分にめぐりあう機会を持つ時間は、本当に素敵だ。それを求めるうちに、いつの頃からか私は、自分の体、自分の持ち物にも気を遣うようになってきていた。至福を求める気分を満たすためには、体にも持ち物にも清浄さが必要なのだと考えるようになったからだ。自然の中の神聖な存在物と同様、自分自身にも、また自分の持ち物にも、その不思議な気分を誘発する根があると思えるようになったのだ。

杉の古木が見おろす小滝のほとりに立って、水の音に聞きいっていた時のことだ。山女魚の体から血を流したくないなという思いが、ふっと頭の中をよぎった。あの日も渓の奥に不明瞭な、なんともいえない空気の重みを感じたものだ。山中で血を忌むことの理由の一端に思い当たったのかも知れない。

自然の中に持ちこむ用具は、聖なるものとの接触を邪魔するものであってはならないと思う。用具の中に機能の美しさを探すことはそれほど難しくはない。しかし、自分の心をこめられる用具を探し、それを使いこなすことは想像以上に難しいものだ。渓流のほとりで、杉の古木の下で、山女魚の体の近くで、自分のバッグの中からとりだし、少しも恥じることのないナイフ。それは道具と呼んでさしつかえないような気がするのだが……

ハックマンのタピオ。オールパーパス・ナイフの中で、これほど私が心をこめられる存在は他にない。

＊1 『アメリカ・ルネッサンス序説』ヘンリー・D・ソロー「日記」、酒本雅之著、研究社。

単純軽快、野外食事具

野外食堂のセッティングは単純明快、いや軽快。それを使い、洗い、磨く…

「よごれたポットと、消えかかったおきが、その夜の終わりを告げた。そして翌朝、キャンプ地点でいっしょになったハイカーたちが必ずやることだが、よごれたポットをめぐって、無言の競争がくりひろげられた。調理用具類をきれいにするのには各人それぞれのやり方があって、どういうわけかその光りぐあいによって、キャンプ内での一種の階級のようなものができるようだ。いちばんきれいで光っているポットを持っているやつがキングなのだ。[*1]」

キャンプの食事が楽しくなかったという経験はない。メニューはごく簡単なもので、美食の害におびえるほどのものでは決してないにもかかわらず、キャンプの食事というのは常に、腹と胸が幸福感でいっぱいになる。それは少年の日の飯盒炊さんから、今日の簡単なバックパッキング・ディナーにいたるまでまったく変わっていない。

キャンパーの意見はふた派に分かれているようだ。野外にでた時こそ、楽しくおいしいメニューが必要だと考える一派と、すぐにまた常のメニューに戻れるのだから、味は二の次、野外にいる時は、簡便さこそがなによりの御馳走という、あの即席メ

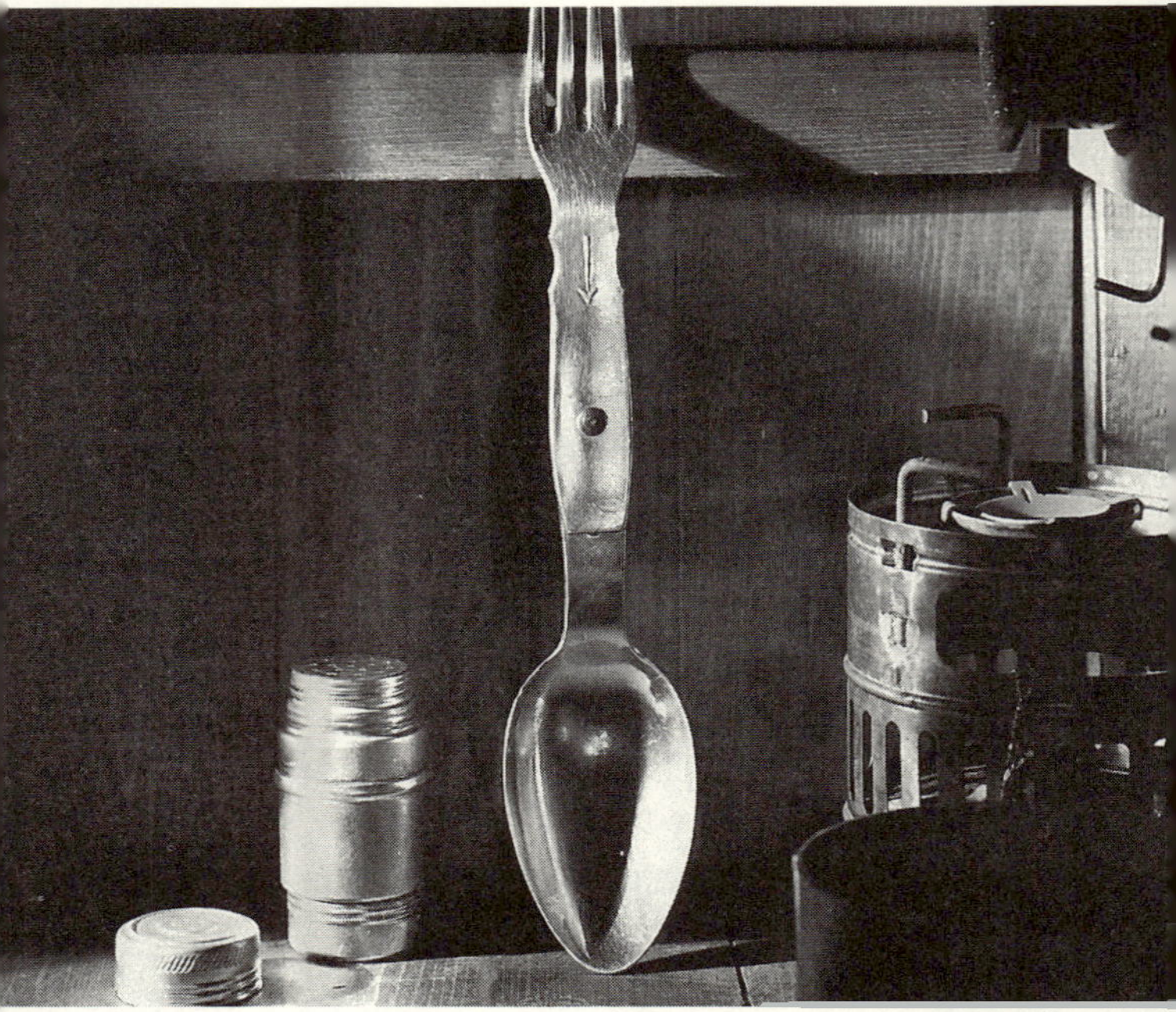

フォーク・ナイフ・ツー・イン・ワン、アルミニウム製の軽量、折りたたみ式。左はチャンピオン印塩胡椒入れ、香港製。右端に見えるストーブはスベア123。

ニュー推進派とに。

私はといえば、そのどちらの派にも属している感じ。誰か、ひとといっしょの時はその友人の胃袋にあわせて豪華なフルコースを楽しみ、ひとりで旅している時は、無精の性質を思いきり甘やかして、ただ湯を作り、フリーズドライやレトルトのプラスチック袋を温め、ティーバッグを浸すだけになる。満足度はどちらの派に属した時もまったく変わるところがないのが、おかしくもあり、寂しくもある。昭和十三年生まれ。幼時の飢えの体験がいつになっても顔をのぞかせるらしい。およそ口に入るものでそれが不味《まず》いと思ったことはない。また皿の上に食べ残しを作りだす癖もない。感謝の念をもって、すべての食物を口に入れるし、たとえ胃袋がフルタンクになっていても、皿の上の残りものを、さらに食道の中に押し込もうとする。ともかく胃袋を満たすことだ、といつも考えてしまうのだ。

「三日間というもの——サウザンド湖自然境でマスの朝食をとって以来、ぼくは食事らしい食事はしていなかった。いまやほとんどひっきりなしに、胃袋は空腹のあまり縮みあがってのたうっていた。これまで胃袋に入れたものといえば、ほとんど液体状のものばかりだった。だからぼくは、パンのひと切れでもなんでもいい、とにかく食べればそのあと数時間もってくれるようなものを、ひどくほしがっていたのだ。*2」

考えてみれば、食糧のとぎれた、このバックパッカーの苦しみを、私は少年の日々に味わいつくしてきたのだ。「すきっ腹をかかえて眠り、空腹で目がさめ、次の日もさらにその次の日も同じように空虚で、かつ重苦しい気分に耐えなければならないのだと考える――これはひどく気のめいるようなことだった。そのことから気をそらそうとしても、鋭い痛みが、そして苦しさが、ふたたび現実につれもどしてしまう。[*3]」

食べ残しをだすほどの豊かな食事のできる国もあれば、飢えに生命を奪われていく人びとの住む国もある。恐ろしいことにこのふたつの国は、いつ逆転の立場に置かれるのか予測がつかない。ともあれ、食事が味覚にとらわれる質のものではないことを、私は少年の日にしっかりと覚えこんでしまったらしい。

「口に入る食物が人間を堕落させると言っているのではなくて、それを食べるときの食欲がいけないのだ。食物の質でも量でもなくて、味覚に魂を奪われることがいけないのである。[*4]」ウォールデン[*5]でソローが考えていたことが厳しすぎるとは私は思わない。生活ぶりが単純になればなるほど、自然からの無形の贈りものは大きくなるように私には思われるからだ。

ともあれ食事が終わり、後始末に精出さねばならない時間がくる。「食事を作ろうとしてポットを火の上に置く前に、その外側に石鹸をこすりつけておくのだ。すると石鹸は泡立ってやがて炭になるが、それがポットの上塗りを保護することになる。だから水につけたときちょっとこすれば、石鹸はふたたび活性化してたちまちとれてしまう。そして金属はみごとに輝きを放つというわけである。[*6]」

バックパックに詰めるポットを美しく磨きあげて、また歩きの一日がはじまる。私の炊事器具、それは小さなスベア・ストーブの上にのるポットとスプーン／フォーク・セット、それに塩胡椒《こしょう》入れ。アルミニウムで作られた軽い小道具たちだ。

この器具で作りだされたシンプルなメニューを、私は心から感謝しながら、マナーの限りを尽くして口に運ぶ。楽しさが胸いっぱいに広がる。

＊1　『ハイ・アドベンチャー』E・ライバック著、武内孝夫訳、日本リーダーズダイジェスト社。
＊2・3・6　前出『ハイ・アドベンチャー』
＊4　『アメリカ・ルネッサンス序説』ヘンリー・D・ソロー「森の生活」、酒本雅之著、研究社。
＊5　マサチューセッツ州コンコードにある池。ここでの暮らしぶりを『森の生活』にまとめた。

シャミー・クロス・シャツ

暑くもなく寒くもない中庸の季節に、袖を通したくなる一枚のシャツがある。

秋的気候の日、私はよれよれの薄手シャミー・クロス・シャツを着る。薄手というのは洗いの回数が多かったせいであり、それによって、このシャツの本来の魅力、〝シャモア[*1]の肌触り〟に多少の偽りが生じた感がなくもないが、全体としては満足しきり。暑くもなく寒くもない、そして暑くもあり寒くもある複雑な秋的気候日の思い出がたっぷりと、その起毛の糸の間にしみとおっているからだ。

この一年[*2]、気候は劇的で、大抵の人が気象学者に、あるいは気象解説者に変身した。冬の間は雪の日を指折り、短い春、冷夏の前兆かとも思える冷え込みの日をしきりと数えるうち、夏に入って一転、休みなしの激暑、熱帯夜の記録更新がニュースになりつづけた。その夏の盛りに開催された五輪大会、合衆国西海岸の地の砂漠的気象がひとしきり話題となった。

暑さ寒さを意識し、自然を、そして風土を考える。気象への気配り、大袈裟に言えば、それは原始的なるものを内に呼び覚ますこと。

日常の生活の中にそうした意識が湧出することは、とても刺激的で、その劇的な

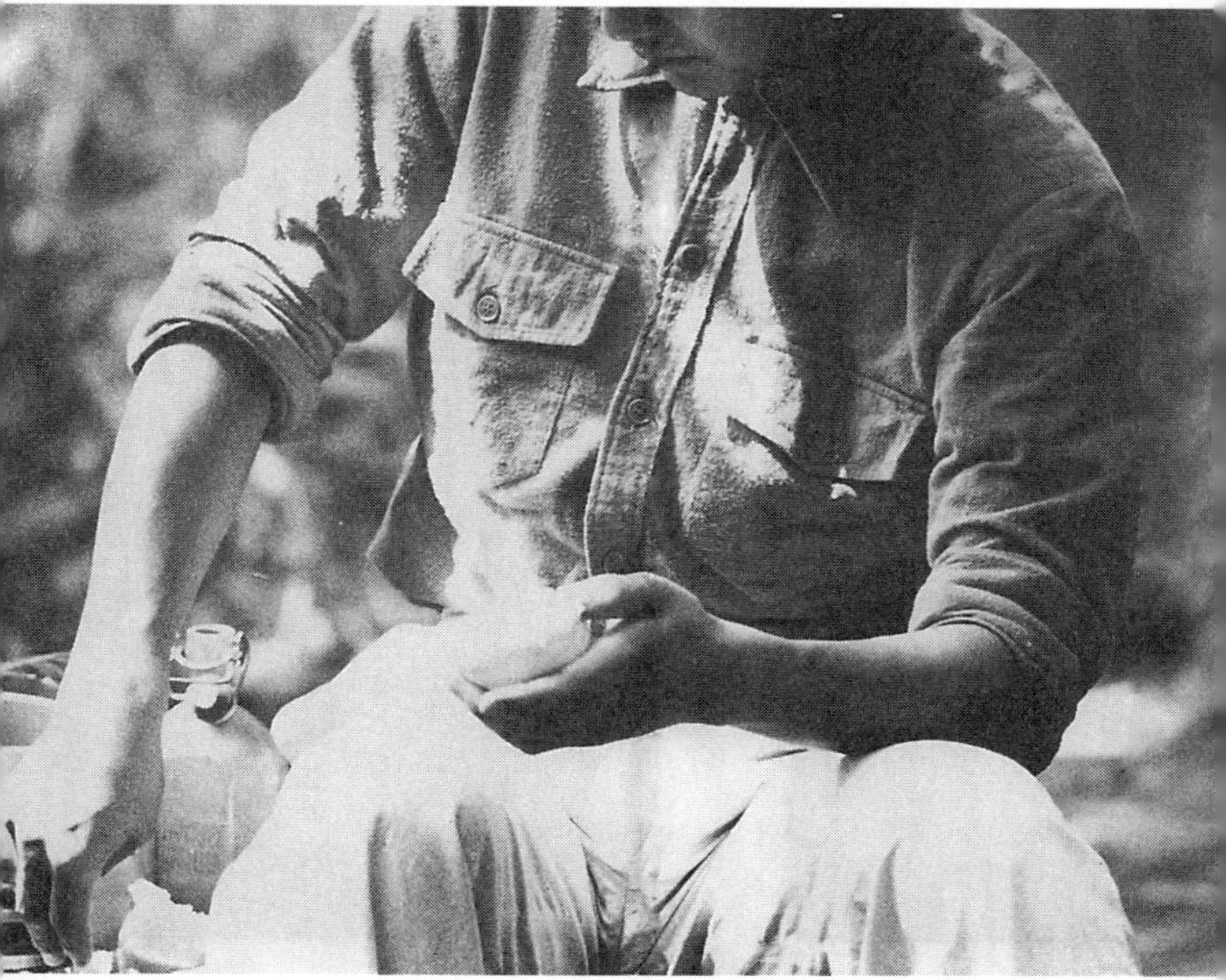

７オンスのコットン・フランネル、日本製無印良品。表裏ともけばだって肌触りがソフト、防風・保温効果が高く、幅広く使える。

日々を私は限りなく楽しんで過ごした。

残暑、初涼、そしていつの間にか間違いようのない秋。やがてまた寒さの季節が……

「着物は着るためのものであるが、着るのはまず第一に寒さを防ぐためである……我々は寒さや暑さにおいて自己を了解するとともに自己の自由にもとづいて『防ぐため』という一定の方向を取る。寒さ暑さの契機なしに全然自発的に着物を作り出すのではない。従って『防ぐために』から『何をもって』に向かって己れを指し示すときに、すでにそこに風土的な自己了解が顕わにされるのである。だからこそ着物は暖かくあるいは涼しく、厚くあるいは薄く、種々の形において製作せられる。羊毛、綿花、絹というごときものが衣服の材料として社会的に見いだされてくる。かく考えれば道具が一般に風土的規定と密接な連関を持つことは明白だと言わねばならぬ。

従って道具が我々にとって最も手近なものであるということは、風土的規定が対象成立の最初の契機をなすということにほかならぬであろう[*3]。」

私たちは季節をおって重ね着をしなければならない。レイヤード・システムという言葉は合衆国五輪大会の地、一日のうちで気温が激しく変化する砂漠的気象の中で生まれたものであるが、湿潤なモンスーン気象の中で生活する私たちは、そのレイヤードを、年という周期で体験することになる。夏の盛りはポリエステルでできた吸汗性の高いフィッシング・シャツをよしとし、冬の盛りには保温性の高いウールのペンドルトン・シャツが一番と考えてきた。そして今、秋の盛りには……。結局もう一枚のシャツが必要になってしまうわけだ。

秋。遠足日和、散歩の好期。とはいえ、その季節、思ったほどは長くない。はじめのうちはまだ夏の名残りが強く、やがてすぐ寒い冬の兆しが見えはじめる。ポリエステル・シャツからウール・シャツへ、そのままなだれこんでも別におかしくはない感じさえする。多少の寒さ暑さは我慢のうちだ。それこそモンスーン気候、そして島国日本の風土で育つ忍従の美徳かも知れないのだから。

一方、合衆国西部や西海岸地域での戸外活動を思い起こしてみると、この秋的気候、暑さと寒さの中にある中間帯が、大分幅広いものであることに気づく。仮に盛夏の午後といえども、ひとたび大きな雲が日射しをさえぎれば、また、日が落ち夕暮れの時間ともなれば、これはまさに秋の季節感。時折、それを忘れて失敗をやらかす。アイダホ州ケッチャム、カリフォルニア州クレッセント・シティ[*4]。夏仕度が通用しない盛夏の思い出がそこにあった。

砂漠的風土の中では、秋気候シャツの必要度は高くなる。そこで生まれたのがインターミーディアト・シャツ、つまり寒暑中庸衣。暑さと暑さの間に垣間見られる涼の時から、寒さが定まりかける寸前、小春日和のその時までこのシャツが愛用される。名前はシャミー・シャツ。私はこのシャツをオレゴン州の小さな町ではじめて買った。メイド・イン・ジャパンとタグにしるされていた。

私たちの国でも、高原や山岳地帯では、乾燥し、風が吹き、日のあるうちは暑くても、ひとたび日が落ちれば急激に気温が下がる砂漠的気象を、一年のうちの相当長い期間体感することになる。シャミー・シャツを必要とする秋気候。モンスーン的風土と砂漠的風土の双方を味わうためにまた山の頂をめざす。シャミー・シャツの袖をまくって……

＊1　ヨーロッパ山岳地帯にすむ羚羊。
＊2　一九八四年。
＊3　『風土』和辻哲郎著、岩波書店、文庫。
＊4　砂漠気候と北西海岸気候。ともに午後遅くなると急激に気温が下がる。

クライミング用ショーツ

乾いた岩肌を吹き抜ける風。それを受け止める夏の服。綿のショーツの魅力は…

「私は若くない、頑健でもない、ましていわんや、争闘欲は全然持ち合していない。私の山は、従って、争闘の対手《あいて》ではなく、私が遁避する場所なのである。私は岩と氷とを対象として、激しいアルバイトを行うべく山へ入るのではない。私にあるものは、奔流に添う影の多い小径であり、雪渓であり、ゆるく波を打つ尾根であり、偃松の寝床である。時として私は岩を攀じる。だがそれは、平な、いい加減に傾斜した、そして太陽にあたためられたスラブを見出し、そこに横になって、昼寝をするために攀じるのである。」*1

時折、自分によく似た心情の持ち主に出会って、救われた気持ちになることがあるものだが、石川欣一の「私の山」と題する一文がまさにそれ。私の誕生より以前に書かれた文章の中に、私は今の自分の心の内を見ることができる。うれしい、というより、ほっとした有難い気分にさせられる。

ヨセミテの谷を抜けでて、ツオルミの高地へでていくと、氷河の流れの中にとりのこされた岩山が、そこここに点在している。巨大なスラブをもったその岩の塊のひと

スポーティフのポリエステル／コットン・ストレッチ・ツイル。丈夫で長持ち、洗いに強い夏向きパンツだ。

つに攀じ登っていく。小さな割れ目に矮小な松の根がはりつき、雲の影がその上を足早に駆け抜けていく。水筒を脇に置き、岩の上に仰臥する。サングラスの中に、さらに赤い光がさしこんでくる。風がショーツの下の裸の足に当たる。振動し、袋のようにふくらみをもって、ふくらはぎの横に風が溜っていく。空は藍よりさらに深く、ほぼ黒に近い感じだ。私は自分が別の国から来た者であることも、その地に生活する者ではないことも忘れ、ただひたすら、シエラ[2]の岩の中、シエラの風の中に溶けこんでいく。静寂の中に、なにかの声が聞こえる。風の中に込められたなにかの叫びが聞こえてくる。

「山で、私は勝手な真似をする。行動でも言語でも、まったく自分勝手に振舞う。動き度い時に動き、話し度い時に話す[3]。」テントに帰って眠るだけのその日、私の心を急き立てるものはなにもない。〝自分勝手〟に、心ゆくまで岩の感触にひたり、風の言葉に耳傾けていた。私もまた時に岩に攀じる。岩がそこにあるため、やむをえず

……

思い出の中にいくつかの小岩が登場する。マーセド川のボウルダー[4]。第一歩目のホールドがみつからずに、とうとう奔流の上の倒木をサーカスもどきに渡らざるをえなかったその光景は、今もますます色を深めて脳裏に鮮やかだし、秋田の渓で背中か

ら落下していった時の、両手の指が湿った岩から離れきる一瞬のなまなましさもまだ忘れてはいない。

自然の中で過ごす何日かの旅のうちに、まったく岩が登場しないということはまずない。どこかで指が岩肌に触れている。目の前の岩を登り、そして無事下りることができたら……それだけで充分。小さな渓流を歩く時、否応もなくつきあいを深めることになるボウルダーたち。それが私の岩になっている。

岩と氷を対象とする激しい登攀は「若くて丈夫で、常に何物かと争闘していなくてはいられないような人々に、向いたことである」[*5]という考えを認めたくもあるし、認めたくない気持ちもある。自分の世界ではないと考えながらも、それに熱中する人びとに憧れの心も動いている。もう十年ほども昔、あちこちのゲレンデで多くのロック・クライマーたちと出会った。傷だらけの手指、贅肉のない細い臑《すね》、その上の木綿のショーツ。すべてが汚れ、汗にまみれていた。それは不思議に美しく、不思議に誘惑的だった。太陽の熱にさらされ、乾ききった岩のもつ魅力のいくぶんかがわかったように思えたものだ。

バンダナ、ティーシャツ、ショーツ、それに薄手のコットン・パンツ、ＥＢのシューズ。そのどれもが軽快で、解放的だった。夏の盛りがそこに息づき、匂っていた。軽い衣装の似合う時代。人生の中のどこかにその時間がある。多分それはもっとも大事にされなければならない時間、そしてもっともないがしろにされる時。今にして思えば、自分にもそれがあった。コットンのショーツ。それが似合う時代を私は大切にしてきただろうか。

「私の行く山は、奔流に添う影の多い小径と、長い雪渓とを持っている。また長く、ゆるく起伏した尾根と、その所々にある草地。私のはマウンテン・クライミングではなくて、ヒル・ウォーキングだ。[*6]」となれば、私のそれもまったく同じ丘陵山地遊歩。しかし、心のどこかにいつも風が吹いている。その風が無人の丸岩、それも高所の奥地から吹きでてくるものであることに私は気づいている。

＊1　『登山とキャンプ地案内』「私の山」石川欣一著、誠文堂、一九三四年刊に収録。
＊2　SIERRA　シエラネバダ山地。
＊3・5・6　前出『登山とキャンプ地案内』
＊4　丸岩。

野宿寝具

**野宿にまさる楽しみがあろうか。
風と水の音に囲まれた私のシャングリラは…**

心地良い自由の気分を味わうには、やはり野宿がいちばんだと私は思う。

「ぼくは脚を組み合わせて座ったまま、長いこと瞑想を続けた……やがて星がきらめき始め、ぼくの起こした、小さな、インディアン風の焚火の煙が星空へ立ち上ってゆく。十一時にぼくは寝袋の中へ滑り込んだ、そしてよく眠った。もっとも、落ち葉の下の、ゴツゴツした竹の根のお陰で、のべつ、寝返りを打たされたけれども。〝自由のない生活を送り、寝心地の良いベッドで眠るよりも、自由な生活をして、寝心地の悪いベッドで眠った方がよい。[*1]〟」

野宿の寝心地がいいものだとは、お世辞にも言えはしないのだけれど、それでもやはり、野宿にまさる楽しみはない。ランタンの灯を消して眠りに落ちていく時、薄明りの中で眼覚めの最後の寝返りをうつ時、深ぶかと息している自分を発見する。体の隅ずみまで安息が満ちている感じだ。

野宿は場所を選ばない。山中でも、郊外でも、その楽しみを味わうことができるのだ。

ブルー・ピューマのゴアテックス・ビバークサック。名はベア・ネセシティ。内に木綿寝装用シーツ、天井にはナイロン製タープ。

「今でも思いだすのは、市外の、とある路上で、爽快な一夜を明かしたときのことである。……わたしの寝床の天蓋は木々のこずえでできている。寝ている真上に、ちょうど夜鳴きうぐいす《ナイチンゲール》が一羽いる。その歌にわたしは眠った。睡眠もここちよかったが、目ざめはまたひとしおだった。すっかり明けはなれている。ひらく目に、見たのは、水、緑、すばらしい景色。わたしは起きあがって、ぶるっとからだをゆすぶった。」*2

片側が台地状に高まり、段々畑になっている川沿いの風景、決まって同じ風景が、この一文を思いだすたび瞼の裏側にひろがってくる。いつの間にかできあがってしまった、私の野宿の理想図なのかもしれない。

野宿はやむを得ない不時露営とは異なるものだ。あらかじめ意図して行なう、楽しみのための夜過ごし法でなければならない。決して辛いものであってはならないと思っている。

思い出の野宿風景がいくつかある。合衆国カリフォルニア、山岳地帯の高層湿原。ワイオミング州の森林帯。北海道、道南の湖畔。九州山地の渓谷。それぞれの一夜の細部が印象深く、心の中に刻みこまれている。

野宿は場所を選ばないと言いはしたが、それでも私の野宿には、どうしてもある種の音響効果が必要であり、それがかなえられる場所をいちばんの好地と思いこんでいることに間違いはない。その地は、風の音と水の音とが聞こえる所。この音がないと、興趣は半減してしまう感じがする。

「……登山の感興を十分に享楽するということには絶頂を究めて帰るということに付け加えて、深林もしくは渓谷に野宿を試みることということを、含んでいなければならない。即ち人跡を全く離れた物静かな処女林の中で、いま湧き出した許《ばか》りの水のほとりに感慨深い一夜を過さねばならない。野宿を伴わない登山は趣味に乏しい。登山だけで野宿をしない間は、まだ登山の真味を解することが出来ない。そしてまた厳密な意味において、自然に対するなつかしみがまだ十分に出て来ない。青葉の色彩が、水の色が、また深林の幽趣が、どういう深い心持をもって私達に対して存在しているか、私達がどの位の親しみをもってこれらのものと、生命の奥底で融け合っているかは、野宿の気分を味わえる人の胸に、なだらかにしみ入る。深林のなかを氷のように走る冷めたい水の辺りで着茣蓙《きござ》を褥《しとね》として、苔蒸せる地面に、枯枝や流木を焚いて一夜を過す幽寂の趣致、幽《かす》かに深くかよう風の音、時々聞ゆる閑古鳥の声、沁々《しみじみ》しみ渡る深林の香りを味った人は、慥《たし》かに一生を通じて忘れられない印象を享受した人であるといってよい。[*3]」

私の耳にも、土の感触を通して、風の音、水の音がしみこんでくる。先人たちの着莫蓙の褥から見たら、私の野宿具は科学の力を頼りにした、ひどく不粋なものに見えるに違いない。しかし今は、これで精一杯、簡素を心がけているつもりなのである。木綿地にオイルコーティングした寝袋覆い一枚、ゴアテックスの露営布膜一枚。薄い木綿地の寝袋内敷布一枚。これが気温の高い季節と場所での寝具。夜が冷気で満たされる時期のそれは、内敷布のかわりに薄手の羽毛寝袋が使われる。これに防水効果の充分なタープと半身用のエア・マットレスを加えると、私のシャングリラができあがるというわけだ。

野宿寝具のすべてを使わずにすむ夜もある。そんな一夜を過ごした後は、もうこの世になんの不満もなくなる。「ぼくは……いい気分、実に愚かしいほどのいい気分になって、持ち物をリュックに詰め、その場を去り、水が勢いよく流れ落ちているところまで歩いて行った。[*4]」

一日が、本当の一日がまたはじまる。

*1 『禅ヒッピー』ジャック・ケルーアック著、小原広忠訳、太陽社。
*2 『世界文学全集』II「告白」ジャン・ジャック・ルソー著、井上究一郎訳、河出書房新社。
*3 『山と渓谷』田部重治著、第一書房。
*4 前出『禅ヒッピー』

テント

飛躍的に向上した機能性の中で考える。
テント暮らしの本来の〝幸福〟は…

テントを張ること、テントで一日を過ごすことの楽しさを教えてくれたのは、〝ニック・アダムス〟*1だった。私はニックに憧れ、彼の生活を慕い、川岸にテントを張ることばかり夢見て毎日を過ごしていた。ニックとの出会いは、ずいぶんと昔のことなのだが、そのころ芽生えたテントへの憧れ心は、今も少しも変わっていない。

「テントの開口部には、蚊除けの寒冷紗を張りつけた。背嚢《はいのう》から取り出してきたいろいろな物を手に持って、ニックはその下をかいくぐり、テントの中に入った。持ち込んだ物は、傾斜したキャンヴァス屋根の下の枕元に置いた。褐色の屋根から光が透過してテントの中は明るかった。キャンヴァスのいい匂いがした。テントの中にはもう、心の安らぐ何か不思議な雰囲気が籠もっていた。テントの中に這い入るとき、ニックは幸福だった。今日これまでも幸福を感じたことはあった。だがこの心地はやはり格別だ。何もかもが済んだ。さっきまではテント張りの仕事が残っていた。今はそれも済んだ。辛い一日だった。本当に疲れた。だがそれも今は済んだ。キャンプができた。居場所ができたのだ。何ものも彼に触れることはできない。ここはいいキャンプ地だ。

そのいい場所に今、彼はいる。自分で選んだ場所に、自分で作った家の中にいるのだ。彼は空腹を覚えた。ニックは蚊除けの下をぐってテントの外に出た。*2」

想像もつかないことかもしれないが、かつては、テントの設営は複雑なもの、辛いものと考えられる時代があったのだ。キャンプ入門といえば、まずテントの設営が問題とされ、定められた手順と仕上がりの美しさを学ばねばならなかった。張りあげられたテントには完成された家と同じような、一種の誇りが感じられたものだ。

ところが今は、ひたすらあっけない。機能性の高い現在の化学繊維テントは、軽く、設営にさほどの労苦をともなわない。自分の家を自分でたてる作業が、あまりに簡単に進められ、あまりに安易に完了する。何か物足りない。辛さが消えたことは悪くはないのだが、それと同時に、大事な儀式が、そして喜びや満足感が失われてしまった。それは新たに別の辛さを生みだしたといえるかもしれない。〝キャンヴァスのいい匂い〟に浸ることはもうできないのだろうか。

氷雪の高所で使われるテントが機能性を優先させるものであることに、特別異存はない。それは烈風の中でも威風堂々としていて、いかにも自然と対決している感じの力強さにあふれている。しかしこのテントを、私の好む川沿いの、樹林の中の、草地の一隅のキャンプ地に持ちこんだとしたら、それこそ乖離《かいり》と呼びたいほどの、見事な

ノースフェイスのウェストウインド。2.5キロ。
タフタとリップストップのナイロン製。ポールはアルミのワンタッチ・ジョイント。

不調和をつくりだすことが目にみえている。

私が必要とするテントは、自然の中に埋没してしまいそうな存在でなければならない。形、色、素材、そのどれもが背景の緑の世界に溶けこむものでなければならない。テントの居住性なんて本当は意味ないことかもしれない、と。これは少しばかり乱暴な言い方に過ぎるだろうか。川べりのテントはいうまでもなく這い入るもの。身をかがめ、不自由な動きで家事をするものでなければ、〝心安らぐあの不思議な雰囲気〟を味わうことはできないように思えるのだが……

狭く、不自由なテントの中に、ふと自分自身の匂いを見つける。ニックのいう〝幸福〟というのは、この時のことを言うのだ、と気付く。テントが居心地よいものである必要はないのではないか、と私は今考えている。

理想のテント。それは狭く、重く、不自由で、それでいて自然には溶けあい、そのことで心の安らぎを得られるもの。そうなるかもしれない。キャンヴァス地のキャノピー。支柱が一本。後方の屋根がゆるく傾斜し、その上にたっぷりの翼布《フライ》。そして張綱をとめる木製の杭。心の疲れを癒《いや》そうとするために張られるテントなら、それで充分ではないだろうか。いやそれこそそのぞましい姿なのではないだろうか。とはいえ、これはあくまで私の理想。手に入れるのはなかなかに難しい。

型録《カタログ》を調べてみる。色とりどりのテントがならんでいる。目を閉じ、瞼の裏にいつもの川べりの露営地を思い浮かべ、その中に型録のテントをひとつずつ置いてみる。うまく溶けこんでくれないものかと念じてみるのだが、どこかしっくりしない。テントのほうが不満を漏らしている。もっともっと厳しい背景が自分には似合いなんだ。こんな樹木いっぱい、穏やかな水の流れのほとりでは、自分の良さが発揮できないと……

私の旅の背景は、針葉樹と広葉樹が入り混じり、土と石とが入り乱れ、渕と瀬が連続する渓のほとり。そんな緑の王国にふさわしいテントを私はひたすら渇望している。今も私はニックのテントに憧れているのだ。

＊1　ヘミングウェイの短篇集『われらの時代に』に登場する共通の主人公。
＊2　『ヘミングウェイ釣文学全集』上巻「鱒」アーネスト・ヘミングウェイ著、谷阿休訳、朔風社。

キャンドル・ランタン

丸天井の天幕の、その中心を定位置とする生きた焔のもつ意味とは…

私のバックパッキング・ランタンは、アーリー・ウインターズのアルピニスト。ろうそくをともす〝キャンドル・ランタン〟だ。ブラスの円筒上部にガラスの火屋《ほや》、天窓がある。ホルダーの中の純白なキャンドルは、スプリング・ローデッド・システムで、いつも一定の高さに生きた焔《ほのお》を保っていてくれる。良質のパラフィンは音もなく溶け、燭芯は少しの煤も生みだすことがない。焔の細かなゆらめきを目にしていると、まるで催眠の術中に落ちたように心が静まりかえっていく。たまらない快感だ。

闇が近寄ってくるのを感じる時刻、天幕の丸屋根中央部の細紐にそのハンガーを結ぶ。火屋を上げ、点灯する。燭芯近く、深みのある青紫の焔が小さくゆらめくと、外縁の柿色をした長い焔も大きくゆらめく。みるみる天幕は明るさをとりもどし、暖まり、闇の一夜をむかえうつ勇気が心のうちに湧いてくる。

気がつくと、自分の背後に大きな影。そして天幕の中に置かれた生活道具のひとつひとつにそれぞれの影、その暗所で逃げ場を失った小さな妖怪たちが、なにやらぶつぶつと文句をいっている。天幕の外にまでは、その明るさも、暖かさも届いていていない。

アーリー・ウインターズ製アルピニスト。レザー・ケースつき。全長16センチ。

闇が天幕めがけて駆け集まってきている感じだ。

山里からさほど遠くない森の、そして渓の辺りの闇はことさら深く、時に恐怖の念を抱かせるものがある。そこでは月夜が、なによりの慰め。月の出とともに映しだされた山の端や、樹木の朧《おぼろ》な輪郭の、いかに心を安めてくれることか。闇からの解放。ただそれだけで体中から緊張感が脱けていく。どんなに小さな灯りであれ、それが手元にあったなら、中天の望月よりさらに心丈夫なのはいうまでもない。とはいえ、それは深い影を作りだす、ほの暗い、生きた灯りでなければならない。明るすぎる灯火、影を消しさる照明ほど、心を荒廃させるものはない。

青白の蛍光灯が天井に張りつき、平板な輝きの中にさらされた家具が、ただ床の上で黙りこくっている部屋。人はそんな侘しさを逃れたくて、自然の中を歩こうとするに違いないのだ。天幕の中、ひとり寝袋の中で天井を見上げている時、そこにあの青白い蛍光灯の光があったとしたら……。きっと寝袋の中は氷のように冷えきってしまうに違いない。

時折の隙間風にゆらめく、ろうそくの焔の中に身を横たえていると、焔に見つめられているように思えてくる。自分の心の奥を読みとられているような感じがしてくるのだ。焔というものは常にひとつだけ。仮に二本のキャンドル・ランタンを天幕の内に据えたとしても、それぞれのろうそくはそれぞれのろうそく、焔はひとつひとつ。単独でそれは存在し、思惟し、時に何事か語りかけてくる。灯りは単独の、そして孤独な存在なのだ。風雪の中の樹木が見せるのと同じ強靭さがそこにはある。人はどの時代も、深い闇の中で、この灯りに縋《すが》り、生きる勇気を得ようとしたに違いない。

純白の蠟《ろう》が溶けて、ランタンの底に少しずつ不透明な山が築かれていく。それにしてもこの小さなランタンの、なんと単純な姿をしていることか。ガラスの火屋の中心で、生きた小さな焔がたったひとつ灯っているだけ。ホワイト・ガソリンなどを燃料とする大型ランタンの複雑な装置とはくらべものにならない。しかしその単純さの中に、なにか光っているものがある。定位置をしっかりもった道具としての完成感がある。単純さが見せる美しさがそこにはある。

私はこのランタンを丸型天幕の中心に吊した。もちろん、そこがもっとも安定する場所、定位置だと思ったからだ。キャンドル・ランタンの位置。それは円の中心のはずだ。ブラスの円筒は縦に長く、それは真直ぐ地球の中心に向かっている。風が当たり、しばらくの揺れののち、それはぴたりと動きを止める。内に向かい、中心に向かうものを目にして対座する時、私はいつも心の静まりを覚えるのだ。壁に向かう必要はない。円の天幕、円筒のランタン。それに眼を向けているだけでいいのだ。天幕の座はかならずしも快適なものとはいいきれないが、狭い空間の、その明確な中心点がいつも自分の眼前にあることで、気分の安らぎを覚えていることは間違いないところだ。

円筒のブラスであること、生きた焔であること、このキャンドル・ランタンが見せる魔力をいつも私は感じている。そして、それが道具の力だと思っている。この道具は火と煙にまみれるもの。常に汚れを除き、磨いておきたい。

小型フラッシュライト

道をたどる手元、足元を明るく照らしだしてくれる信頼の友の姿は…

水面にわずか、夕焼けの残照が映っている。周囲の空気は湿り気を帯び、すでに夜の気配となっている。テントに帰らねばいけない時間なのだが、そんな気持ちとはうらはらに、眼は小滝の奥の一点に吸い寄せられたまま。薄暗いその水面から、石蚕《とびけら》、積翅《かわげら》、それに蜉《ぶゆ》がしきりに羽化し、上空に飛びたっている。時折、小さな、それでてよく目立つ白い翅《はね》をもった蛾までがそれに混じり込んだ。

山里山女魚《やまめ》がその小滝の落ち壷奥でしきりに体を乗りだしている。成虫となり水面を離れようとする見虫たちを無心に捕食しているのだ。あの山女魚を手元で見たい。あの山女魚と心を通わしてみたい。もうひと振り。うまくいってくれ！　しかし駄目だ。また失敗。毛鉤《けばり》は水面の上、なんの変化も見せず、ただ流れていく。脈搏が早まっているのに気づき、それにまた苛立つ。毛鉤を変えなければいけないだろうか。

胸元にセットしてあるフレックス・ライトの頭部をひねる。待ちわびていたように赤黄色の、それでいて鋭い光が手元にともる。左右両手の親指と人差指、四つの爪の間で小さな毛鉤がじっと息をつめている。サイズの問題だろうか。もう少し小さめに、そう、翅を切り取ってみよう。いずれにしても、もう時間の余裕はない。小さな光の輪の中で毛鉤の翅は切り取られ、再度それはわずかに残る宵明りの水面へ投げられた。趨を失った毛鉤が水面に落ちるか落ちないかの一瞬、白い輝きが水を割り、毛鉤の上に覆いかぶさった。

ああ、考えてみれば小さな出来事だ。にもかかわらず、心臓は喉元から迫り出し、体は震え、涙が出そうなほどに感情が昂ってしまっている。これがあるから夕暮れの時間、渓のほとりの散歩は大事なものになるのだ。今はこれでよし、心も体もすっかり暖まった。さあ、急いでテントに戻ろう。

小さな明りひとつだけで、夜を過ごそうとすると、その不自由さを補おうとして、視力がなんとなく鋭くなるような気がする。夜目が効くということは、本当はとても大事な生きる術なのであろう。それが、都会のきらめく光の洪水の中に身を置くうち、いつの間にかうつろな硝子《ガラス》玉と化し、なにも見えなくなってしまっている。寂しいかぎりだ。

闇が深まり、その闇に眼が慣れると、強い光は邪魔な存在となってくる。両の眼がその本来の機能を果たそうと必死になるせいだろう。そこではもう、小さな補助の光だけで充分。すべての用は足りてしまう。都会の中では眼は死に、懐中電燈の光は、

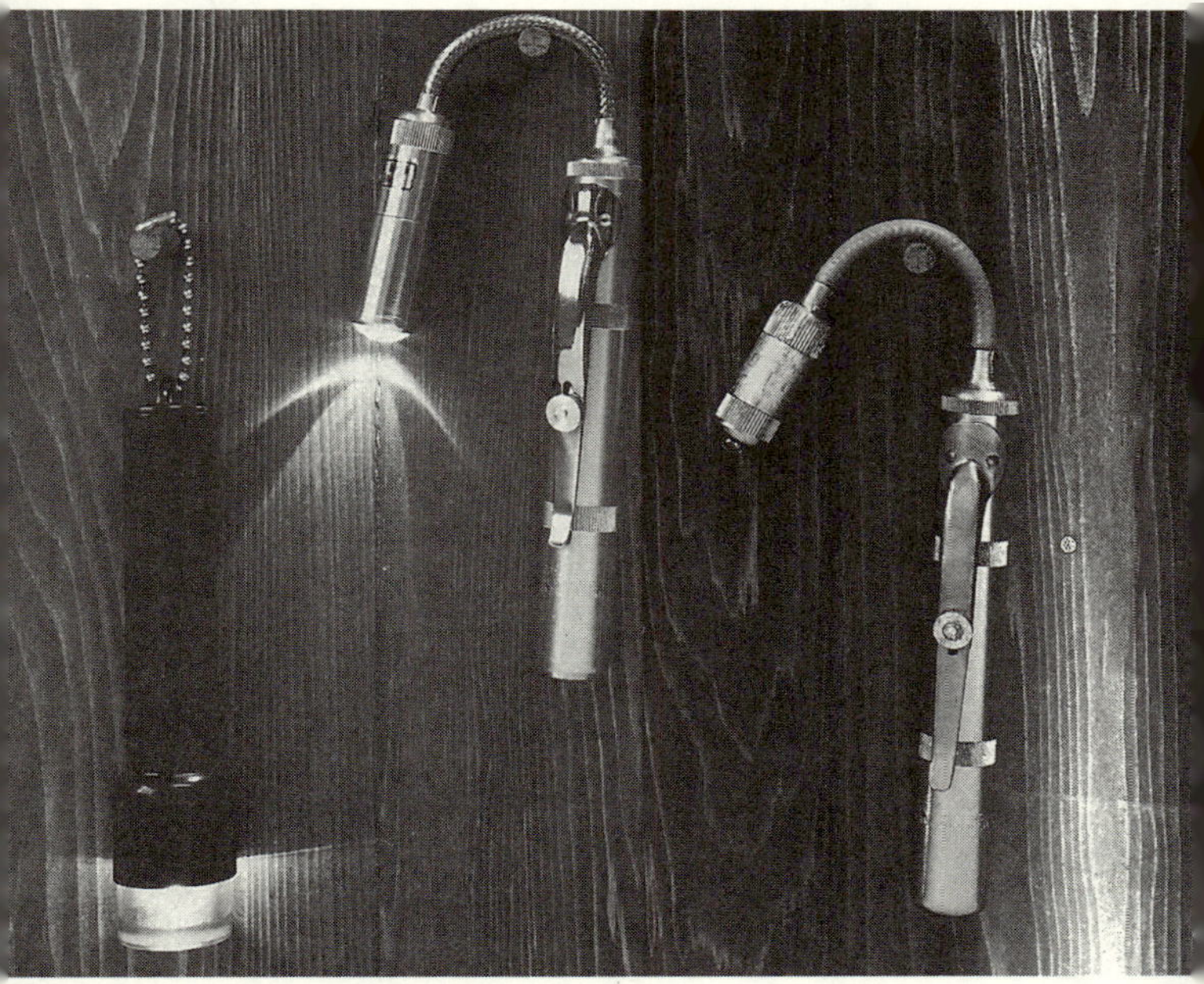

右からフレックス・ライト旧型とロングノーズのアジャスタブル・フレックス・ライト。左端はABS樹脂製のテクナライトII、2.7センチ×15センチ。合衆国製。

なにほどの役も果たしてくれない。両の眼と小さなフラッシュ・ライトの光。本当はそれだけで何の不自由もないはずなのに。

野山の散歩に使う私のフラッシュ・ライトは、ひとつがフレックス・ライト、もうひとつがテクナライトⅡだ。フレックス・ライトは胸元に固定して使う。単3乾電池二本を納めたボディ・ケースとニップル豆球をセットしたヘッド部分とがフレキシブルなケーブルで結ばれている特異なデザイン。このケーブルを曲げたり伸ばしたりして、任意の位置に光の輪を作りだすことができるのだ。

乾電池を納める円筒形ケースは落ちついた色合いの真鍮製で、その表面に、強力なロッキング・メカニズムをもったクリップがつけられている。このクリップをフィッシング・ベストの胸元縁や、ポケットあるいはベルトに固定する。ロック機構は強力で、これが脱落することはまず考えられないところだ。グースネック、つまり雁首のケーブルも耐久力があり、何年も使いつづけてきたが、まったく疲労のようすを見せなかった。

現在使用しているのは二代目で、これはロングノーズになっている。手元に光を集中させるナロービームから、広く足元を照らす際に好都合なブロード・ビームまで光量を調節できるようになっている。一層使いやすくなった感じだ。

このフレックス・ライトはロータリー・スイッチで、頭部をひねりこまないと点灯しない。デイパックの中でスイッチ・ボタンがオンになり、バッテリーが浪費されるような事故を防ぐことができるのもうれしいことだ。

私が使うもうひとつの懐中電燈、テクナライトⅡもやはりロータリー・スイッチだ。これも小型ながら強力、そしてシンプルなデザインで、使い心地がとてもいい。完全防水なので雨の中でもなんの心配もいらない。

ポスト・エクストラバガント・ソサエティー、つまり脱浪費社会を生きる時、こうしたバックパッキング・イクイプメントの価値はさらに高いものとなっていくに違いない。ものを選び、それを使うことの楽しさを、一日のすべての時間、感じていたい。

私は生活の足元を照らしてくれる小さな道具として、このふたつのフラッシュ・ライトを選んだ。あとは自分の眼を鍛えるだけだが、これはもう絶望的だ。

マッチとマッチボックス

焚火も煙草も必要ないとすると、マッチの使用頻度はとても少なくなる。それだけ旅がシンプルに…

少年の日、私の故郷、山梨県鰍沢《かじかざわ》の町には小正月の行事、どんど焼きがあった。正月用の注連縄《しめなわ》や門松を燃やし、二日に書いた書き初めをその火に投げ入れ、繭玉《まゆだま》の団子を焼いた。鳥追いと三毬杖《さぎちょう》の行事がいっしょになった火の祭り。忘れられない思い出だ。

行事を取りしきるのは、年長十五歳までの子供たち。冬休みのはじめ、雪中の裏山、杉林の中から四本柱となる直長の木材を伐り出すことから作業がはじまる。町内の各集落ごとに、少年たちがそれぞれの地の利を考えて小屋掛けをするのだ。山上の小屋、河原土手の小屋、山寺境内の小屋、さまざまだった。深穴を掘って立てられた四本の柱に三層の床が組まれ、頑強な高層建築ができあがる。少年たちは四階青天井と称して、その出来映えを誇りにした。リヤカーを引いて、かやを刈り集め、苫《とま》を作った。一階の土間に囲炉裏《いろり》がきられ、焚火の上に鍋が掛けられる。正月を過ごす子供たちの城砦だった。

私のアウトドア・ライフの原型がそこにあった。木材と縄を使って木枠の組みを覚

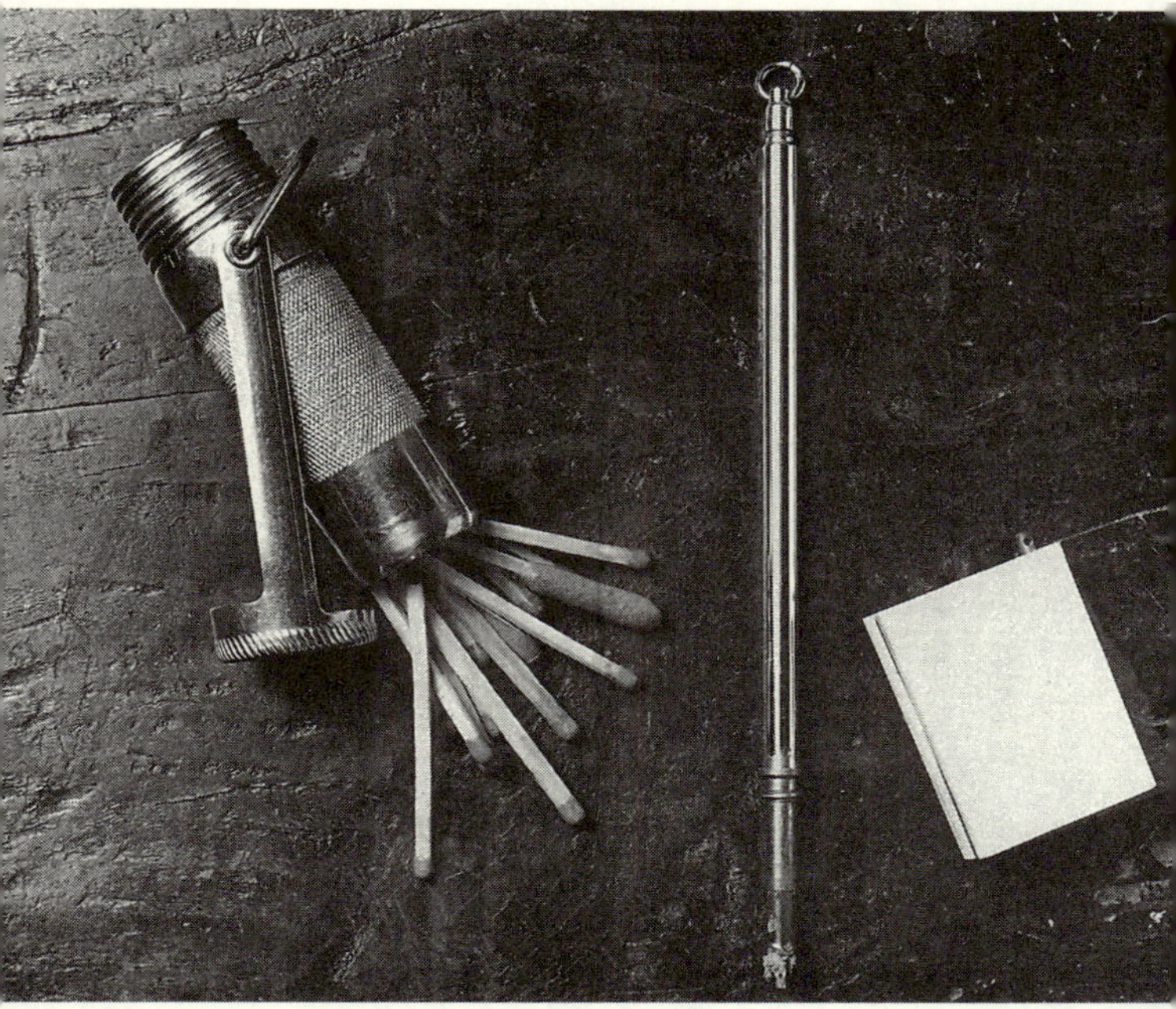

右は日本製パーマネント・マッチ、会社名不明。左はセーフスポーツ社のマッチ・ボックス、香港製、中のマッチともコグラン社扱い。

え、苫の編み方を知った。鎌を使い、鋸を手にした。火の扱いを習い、炊事の面白さに目覚めた。二階、三階で、焚火の暖気にくるまれて、うたたねする快感を知った。そしてなによりも、仲間とのつきあいの素晴らしさを。

小屋作り作業の面白さ、キャンプの楽しさを満喫した少年の日のフォックス・ファイヤー[*1]。昼も夜も小屋に入り浸りだった。十四日の夜、全階の空間は門松をはじめ可燃の材料で埋められ、点火され、それは巨大な火柱となるのだったが、少年たちの胸には小屋への愛惜の念があって、なかなか火をつけられなかったものだ。団子を先端につけた長い竹竿を手にし、幼児をつれた大人たちは、寒気の中、じっと耐えて、少年たちの胸中を思いやっていた。それぞれ、自分の少年の日を思い浮かべて。

祭りの終わった翌日、少年たちは守護神社の御札を刷りあげ、それをもって各戸をまわった。晴れがましくも心地良い、行事の締め括りだった。

火。それが生活の根本にあると、どんど焼きの小屋を通して私は学んだ。少年たちがかこむ囲炉裏の奥に、三宝荒神の新しい御札が置かれていたのを思いだす。

山地の焼畑、河原と土手の草焼き、そして炭焼き小屋の煙。少年の日、山野に広がる火と煙をいつも遠目に眺めていた。それが私の原風景のひとつになっている。

旅に出る時、私は小さな火作りの道具をもっていく。パーマネント・マッチと命名された着火具と、防風防水の燐寸《マッチ》、それを収納する防水マッチ・ボックスだ。この用具が使われるのは、湯沸かしのために小型のストーブに点火する時だけ。あとは非常時の際に役立つことがあるかもしれないと考えてのこと。

ひとりででかける旅では、焚火はしない。誰か友がいて、それが焚火を欲しがるのを止めはしないが、自分で焚火をしたいとは思わない。焚火の後の地面の汚れ、傷みが嫌いだからだ。深い渓谷を遡っていって、格好の休息場所に焚火跡を見るぐらい、口惜しく、また寂しい思いをすることはない。

「時々寒いので目を覚ますと、友の一人が夢の中の人間のように、また自ら夢心地で燃料を入れている。焚火が燃えかつ消えて、ふらふらと夢のうちに動いている間に、時々、密林の木と木とが擦れ合うて、真夜中に哀音を立てているのが、嵐の奥深いところに聞える。この時私達の心は、ただ深い、あらゆるものを超越した大きな物のなかに、しずしずと誘われて行くのだという感じを深くさせられる。そして私達はそのうちにうとうととして、何等の蔽《おお》いもなく、ただ深林の中に星の光を戴いて眠るのであった。[*2]」

焚火が必要な旅があった。もちろん今も、その焚火がなくては生存がかなわない事態もある。しかし私がひとりで、ひっそりと渓流のほとりに一夜を過ごすには、焚火はあまりに贅沢。少年の日の思い出に浸りながら、小型ストーブのノズルの先、青白い焔を見つめているだけで充分というものだ。

パーマネント・マッチは、三八×二八×九ミリのプラスチック製フリント・ボックスに、長さ一三〇ミリの点火棒がつけられている。私がもっているのは古いタイプのもので、棒が長いのはランタンなど点火地点が遠いものにも使えるようにしてあるせいだと思う。

マッチ・ボックスのほうは、これも古くから使われてきたブラス製。長さ七十ミリ、径二十ミリ。中央部がやすり状になっていて、黄燐マッチなどはそのまま着火できる仕組みだ。一見防水装置が甘そうな感じがするが、その心配はない。少量のマッチを大事に扱うこと。それだけを心がけている。

＊1　狐火（きつねび）。

＊2　『山と渓谷』「深林と渓谷」田部重治著、第一書房。

ウール・シャツ

肌着の上の一枚に何を選ぶか。一代では着つぶせない、あのペンドルトン・シャツを…

「寒さや湿気に備えて厚い衣服を持っていることは、無意味で、単に消極的な幸運にすぎず、寒さと湿気自体から活力、いや興奮をさえ引き出し、ぼくたちの共感で寒さや湿気をおおうことができる力に比べたら、無益で弱々しく防御的境遇である。金持は毛織物や毛皮の衣服を買うのだが、それでも精神的には寒さと湿気に悩まされて裸で震えている。ところが貧しい万物の霊長は、寒さと湿気をして彼を暖めさせ、彼の衣服たらしめるのだ。[*1]」

私は金持ちではないが、修験の道を究めたものでもないので、冬の旅にはどうしても毛織物が必要になってしまう。もちろん、ソローの言葉の意味するものはわかっているつもりだし、同じように高揚した気分が胸の奥深くで波立つのを感じたことがなくはない。

しかし、その気分をさらに長続きさせようとすると、現実には、良質の毛織物が欲しくなってしまうのだ。よだかの星[*2]の心境といったところだ。要するに、鍛練が足りず、不出来な存在ということになるのだろうが、今となってはもう手遅れ。仕方がないから他の贅沢を切り詰め、金持ちの真似をして毛織物をひとつ手に入れることになる。とはいえ、心身の鍛練によって、多少は自然人に近い位置にとどまりたいという色気もある。だからあまりに狩猟民族そのものといった、厚手の毛織物はやはり敬遠したいところ。木綿の感覚で着られる毛織物。それが欲しい。

ひとつだけ、思い当たる。ペンドルトン・シャツだ。着ていることを忘れてしまいそうに軽い、薄手のウール・シャツ。これなら毛織物を大仰に身にまとっているという気恥かしさを感じないですみそうだ。

衣装箱のなかから、タータン織のペンドルトン・シャツをとりだし、袖を通してみる。春先のほかほかした土の上、しきりに背伸びしあっている雑草の匂いがした。急に旅にでたくなる。そんな気持ちの昂りを治めるには本を読むしかない。純度の高い紀行文がいい。そう、アンドレ・ジイドの『コンゴ紀行』のような……

「ずいぶん早く起き過ぎてしまった。で、夜明けを待ちながら、ほの暗いランタンの明りをたよりに、読書をした。寒い。凍痛を覚える。[*3]」ジイドにペンドルトン・シャツを着せてやりたい。読み足りなくて、いつものように田部重治の山旅の跡を追う。「時々名も知れぬ鳥の声がする。また、河原に石がころがるような音も聞える。すべて聞えるものに自然界の気まぐれといった風なものが感じられた。それに冬のシャツ

クラン・タータン模様のペンドルトン・クラシックス。100%ヴァージンウール、糸染めから一貫作業のオレゴン州ポートランド産。

一枚を着ただけで、毛布がないので寒くて眠れそうもない。[*4]」肩にもう一枚、ペンドルトン・シャツを載せたい男たちがいる。

「謙作は用意してきたスエーターを着、それを包んで来た風呂敷を首に巻き、そして路から萱の生えた中へ入り、落ちつきのいい所を探して、山を背に腰をおろした。……彼は広い空の下に全く一人になった。冷々した風が音もなく萱の穂を少し動かす程度に吹いていた。[*5]」時任謙作のセーターの下に、じんわりとした肌触りのペンドルトン・シャツを一枚……

そして私自身、このシャツを着て、風の中に立ち、野宿の夜を過ごす光景を思い浮かべてみる。どこからか、言葉が聞こえてくる。「自然はただ一つのことしか知らない。現在だよ。現在、現在。とこしえの現在。……きみはこの現実の時、この『いま・ここ』、その栄光の時とともに生きなければならない[*6]」やっぱり明日は旅に出ることにしよう。

合衆国西海岸の都市、古着屋の店先に、このペンドルトン・シャツがよくぶらさがっている。港湾労働者や木材伐採人などの着古したものだ。くたくたになり、肩や肘のあたりが抜けたりしているが、汚れてはいない。それどころか、どこか輝いてみえるのだ。鼻を寄せると、男の体臭の中に、オレゴンや北カリフォルニアの水や木の匂いが隠されていることがわかる。また一枚欲しくなってしまう。

一代で着潰せないシャツ。それはやはり宝物。いずれこのシャツの相続人を私は探すことになる。きらきらした眼をもった青年に心をこめて、それを渡したい。いっぱい水や木の匂いを詰めこんで。

＊1 『アメリカ古典文庫』4 ヘンリー・D・ソロー「日記」、木村晴子訳、研究社出版。
＊2 宮沢賢治の童話。生存のための殺しあいを辛く思う心。
＊3 『コンゴ紀行』アンドレ・ジイド著、根津憲三訳、角川書店。
＊4 『わが山旅五十年』田部重治著、二見書房。
＊5 『暗夜行路』志賀直哉著、河出書房。
＊6 『この日をつかめ』ソール・ベロウ著、大浦暁生訳、新潮社。

レイン・ジャケット

夏の日の山旅に欠かせない雨具。
それは、なにげないものがいい…

雨。季節の移り変わりはいつも雨ではじまる。猫柳をぬらす早春の雨。梅の実の先端に光る初夏の雨。大地の火照りを癒す初秋の雨。そして落葉松の梢をさらに黒くする初冬の雨。大陸東端の島国は、常に西からの風を受け、〝水蒸気の王国〟の地位を他に譲ることがない。夏の訪れの頃、雨は一層、その頻度を増す。

「インド洋上、貿易風、季節風と相交錯し、季節風の北進するや、天象雨気を催おし、ようやくにして『卯の花くたし』となり、『五月雨』（梅雨）となり、『虎の涙雨』となり……」[*1]やがて長く、また激しい雨の季節となる。

「暗黒の宇宙空間を廻るこの孤独な小球の水の量は、きまった一定量になっている。毎年ほぼ同じ降水量がある。風のきまぐれや海の移ろいやすいいたずらによって変わるものは、雨・雪の地理的な分配の仕方だけである。（略）全体を平均すると、雨や雪が降るのは、どんなときをとっても、地表のわずか三パーセントのところにすぎない。一方、雲はいつも地表の五〇パーセントをおおっている。簡単にいうと、雨を降らせない雲が普通で、雨雲がむしろ例外なのだ。」[*2]

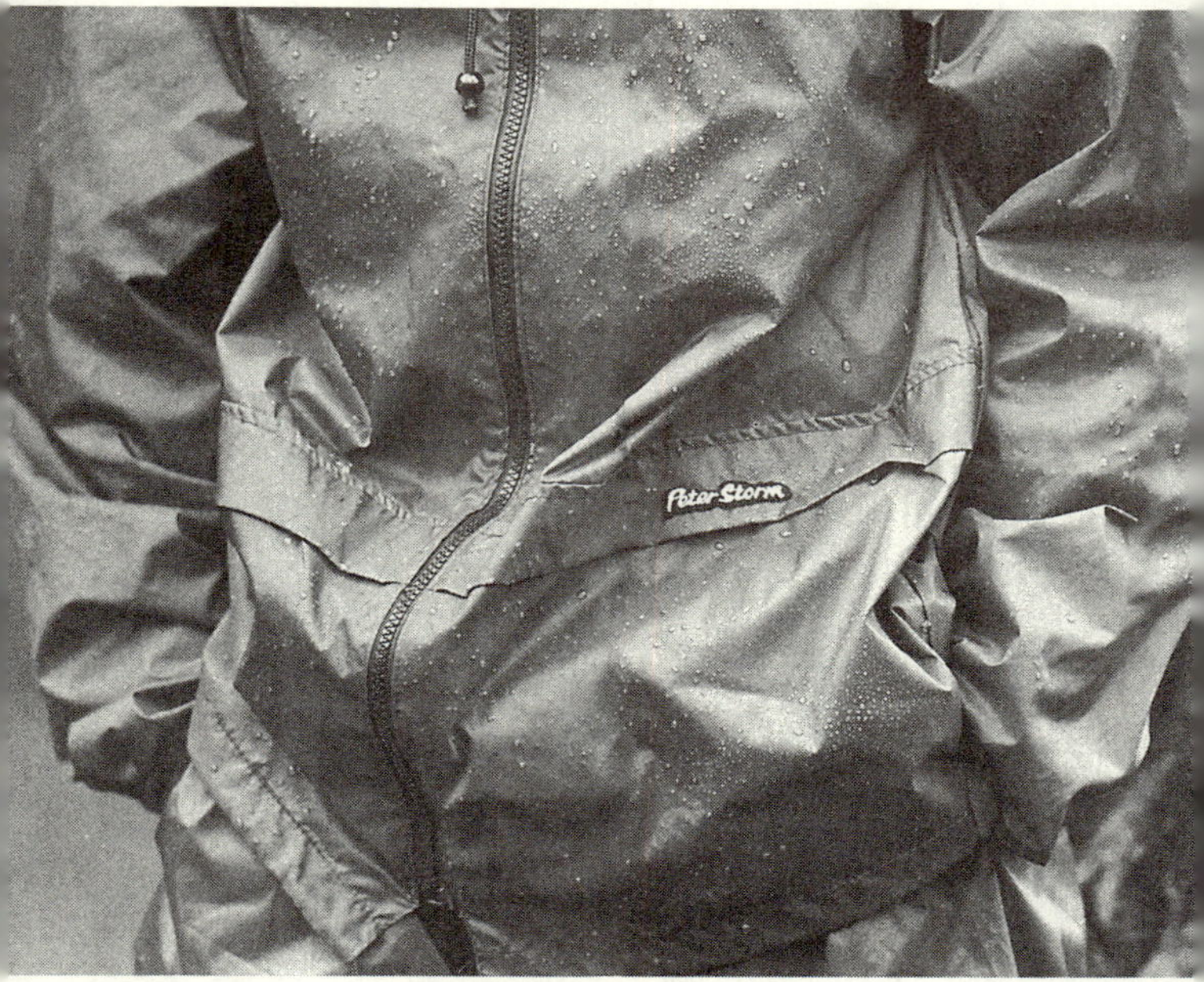

ピーター・ストーム製100シリーズ。70デニール・ナイロン、ポリウレタン・プルーフィング。ノースエット表示の最軽量雨具。

私たちはもっと自分たちの住む、雨の王国を大事に思わなければいけないのかも知れない。アッサムのように降り過ぎもせず、スエズのように降り足りぬこともなく、常に湿度を保ち、四季を区分ける雨の良さ。〝水満つる惑星〟のうちでもここはさらに特別の土地、限られた特選の地かも知れない。

いつの頃からか、雨をいとわなくなった。雨に慣らされてしまったに違いない。レイン・ギアに身をかためてどこでも歩く。帽子、コート、靴、これだけに気配りしておくと、雨はそれほどいやなものでもなくなる。とはいえ、身につけた雨具の多くは、外国のもの。〝雨の王国〟産は意外と少ない。高温の中の雨。これを快適に過ごす術の発見に手間取ったからに違いない。

かつては蓑《みの》と笠、農事の用具が身近にあった。家を遠く離れることのない作業の中で、それは充分防雨の役を果たしていたらしく思える。しかし今、これを着てあちこち歩くわけにもいかない。身に軽く、雨に煙る山里や森や高山の情景にふさわしく、ぬれず、それほど蒸れることもなく、丈夫で、邪魔にならない雨具。それをいつも私は探していた。

天然素材のものがあった。人工素材のものもあった。ゴム引きも、オイルを塗布したものもあった。そのどれもが素敵に見えた。雨具としての役割をしっかり果たしてくれそうに思えた。しかし〝すべての条件を満たす〟雨具決定版はついに見当たらなかった。特別に登山用、アウトドア仕様と、その使用範囲を限定したヘビー・デューティー・ギアは確かにその実用効果が高く、ぬれと蒸れのジレンマを解決したかにも見える。しかし、これはあくまでも特殊な世界の用具。決してコモデティー・ギアではない。いつもいつもこれを身につけていたら、きっとくたびれてしまうに違いない。欲しいのはそれではない。

山里を歩く時、雑木林に分け入る時、渓流のほとりにたたずむ時、そんななにげない時間に身近に置ける雨具。それなのだ。「笠は長途の雨に綻び、帋衣《かみこ》はとまり〳〵のあらしに揉めたり。侘つくしたるわび人、我さえあわれにおぼえける[*3]。」芭蕉の風雅に及ぶべくはないにしても、同じ地に降る雨を耐えるにふさわしい、人の情をおもてに見せた衣装が欲しいなと、今は心から願っている。

雨はやがて川となり、島国のすべてを縫って流れ下る。その川の多くが次第に無機質な沈黙に満たされていくように見える。昆虫も魚も、もう棲んでいないのかも知れないと、ふと思いこみたくなるほどの奇妙な静謐さ、いや死の静寂さに満たされてきている。雨が降って川の水は昔も今も変わりなく、低みに向かって流れていながら、その水の王国のあちらこちらに、寂しさがしのびよってきている。冒険でも探検でもなく、私は戸外にいたい。雨の日、渓を流れる水を眺めていたい。もちろん本当の雨、本当の水を眺めていたいのだ。なにげない雨具につつまれて……

今、私がデイパックの中に、そしてフィッシング・ベストの背のポケットに入れておく雨具は、ごくごく軽い、ナイロン素材にポリウレタン加工した普及版ジャケット。ぬれを防ぐことと同時に、かなりの量の蒸気を放出してくれる。運動量の極度に多いスポーツは別として、ただ戸外を歩く際には、この薄手の雨具は邪魔にならない。

両手に露を受けて森を歩き、川の復活を願って、岸辺を歩く。雨と水蒸気の王国に生まれたことに誇りをもって。

＊1　『日本風景論』志賀重昂著、講談社、文庫。
＊2　『水＝生命をはぐくむもの』R・プラット著、梅田敏郎訳、紀伊国屋書店。
＊3　芭蕉七部集の一番目。「冬の日」の書き出しの句文。

ダウン・ジャケット

凍土地帯で着尽くした羽毛上着。
ものは贅沢品で終わらせたくない。

アラスカを旅した。夏の盛りというのに、空と水と凍土の大地は、薄氷一枚を透かして見ているような、なんともいえない冷気に包まれていた。私にとっては、原野あるいはウィルダネスといった言葉をやっと自分のものにすることができた思い出の旅だ。来る日も来る日も私は着た切り雀、一枚の羽毛上着を頼りに北国の昼と夜を過ごしていた。上着の袖口と前身頃は、魚の血と焚火の熾《おき》と土塊と水とで汚れきり、なんともいえない匂いを発していた。表地のナイロンは焚火の熱とあれこれの汚れで劣化し、衣服としての美しさなどまるで失ってしまっていた。

それでも私は朝が来るたび、その上着に腕を通した。着るとすぐに、放出された体熱が上着の内側に暖かな空気の層をつくりだす。もうそれを手離すことが苦痛に思えるほど体に馴染んでしまっていた。

地衣の覆う小丘を歩き、丈の低い灌木の中に横たわり、赤い実[*1]を口に投げこみながら、卵白を解いて掃いたような勿忘草《わすれなぐさ》色の空を見上げる。その旅で私ははじめて、天然の自然というものの存在感と、その中で生きる小さな生きものたちへの心からの親和感とを覚え、自分自身の生きる方途を探る手掛りをつかんだように思ったものだった。他の動物たちと同様、自分が自然のままに生まれ、自然のままに生き、いや自然によって生かされていると心から思えることの自信、それが生きることの支えになっているのだと、考えはじめていた。

「都会では、他の人がすぐそばにいながら自分とのあいだに柵があること、壁の一インチ一インチが人を傷つけ、一人一人が通じ合わぬままに個々ばらばらな小グループをつくるなかで独りきりであることを知らされ、淋しさが募る。しかし、自分よりほかには誰一人いないところに、完全にひとりでいるのは、激しい昂揚を感ずるものである。突然重圧がなくなって、周囲の環境にたいする知恵が高まり、感覚が鋭敏になると、あたりに充満している人間以下の生物にたいしても深い親和感が湧いてくる。初めてそんな経験をしたのは、青年時代に北極圏限界線から三百マイル北のツンドラをひとり旅していた時で、そのときは、夜が昼と同じに明るいという不慣れな条件まで加わって、自分の眠りだけで夜と昼を分けなければならなかった。全く矛盾しているのだが、これと正反対の環境、一九四〇年の激しい空襲下で、これによく似た感覚を味わったことがあった。どの場合にも、突然、人生から本質的でないもの、たとえば金の心配、ささやかな利巳的欲望などが剝奪され、究極の本質に直面していた

ヒマスポーツのドメゾン。表布ナイロン、
ジッパーフロント、ポケットなし、ボタンス
ナップでフードがつく。セーター感覚の軽さ。

くる。

透徹な空と凍土の間に身を置くと、自然と自分との関係が少しずつ見えはじめて
のだ。[*2]」

「不意に、ぼくは自分が本当に独りぼっちの存在であり、自らを養い、自らを労り、自らを慰める以外に何一つ為すべきこともなく、また何人もこれを批判することは出来ないのだ、と悟ったのだった。小さい草花が岩の周りのそこかしこに生えている。むろん誰一人生えろと求めた者などいなかったはずである、同じことがぼく自身の生長についても言えるのではないだろうか？[*3]」

目の前に開けているのは、ひたすらの荒涼風景。それにしても生きものを狩る以外に生存の方法を見出せない土地の厳しさ、寂しさはどうだ。風景といえば、草花が咲き乱れ、穀物を実らせる田畑が広がり、昆虫と小鳥がとびかう光景をいつも思い浮かべてしまう私にとっては、北の風が吹き抜けるばかりの凍土のそれは、あまりにも異様の世界。しかし、なればこそ、この風景の中に身を置く時間は、一期一会と思えなくもない、この光景を貪りつくそう、体中で味わいつくそうと心を決めていた。爪の中は黒く汚れ、掌はひびわれ、髪は匂いを放っていた。もちろん衣服の汚れは激しいものとなった。しかし、その衣服の汚れがなんだというのだろう。風と雨から身を守

り、夜の寒気から身を守ってくれる一枚の上着、本当の防寒衣、その価値は汚れによって損なわれるものでは決してない、と私は考えていた。

アラスカ本来の防寒服といえば、狼を狩り、海豹を鞣《なめ》して自製するパーカということになるのだろうが、狩猟民でない私にとっては、それは果てしなく遠い異種の文化の産物。私が身につけるのは水禽の胸綿毛と石油原料の化学繊維でできている羽毛上着。それで充分だ。その素材に問題がなくもないのだが、それでも一期一会の北国旅行をする私にとっては大事な、大事な保身の道具。なればこそ、一本の綿毛、一条の糸も無駄にすることなく、着尽くしてやらねばならない。分不相応な贅沢品と、この羽毛上着に肩身の狭い思いをさせてはならない。

贅沢に過ぎると思えるものが、必需の品となる土地も地球の上にはある。はじめてのアラスカ、肥沃な緑野とは無縁の荒涼地散歩。私は一枚の羽毛上着を着つづけて夏を過ごしていた。

＊1　いろいろのベリー類。
＊2　『カワウソと暮す』G・マクスウェル著、松永ふみ子訳、冨山房、百科文庫。
＊3　『禅ヒッピー』ジャック・ケルーアック著、小原広忠訳、太陽社。

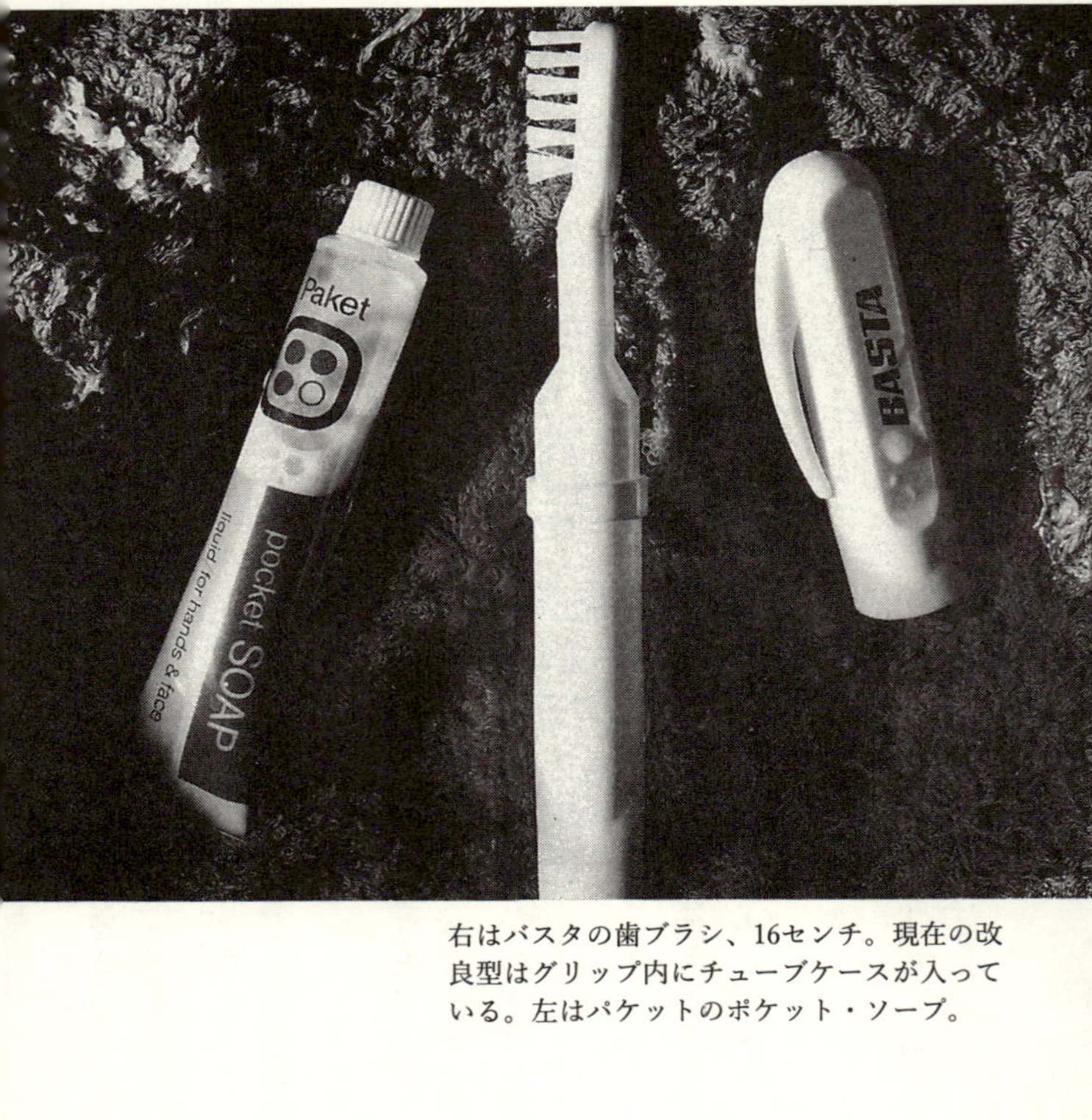

右はバスタの歯ブラシ、16センチ。現在の改良型はグリップ内にチューブケースが入っている。左はパケットのポケット・ソープ。

身嗜み用品

野外でのグルーミングを無視することもならず、やはり最小限これだけは…

今や、多少なりと公共心を持った市民なら誰でも、人間が自らの呼吸する大気を汚し、飲料となる水を汚し、食物を産する土壌を汚し、その食物自体を汚し、自らの生活環境を破壊していることに気づいている。そして不安と危惧の念を抱いている。そうした問題を最初に教えてくれたのは『沈黙の春』を書いたレイチェル・カーソン[*1]だった。この本が合衆国で出版されたのは一九六二年のこと、そして私が日本語でそれを読むことができたのが一九七四年のことだった。この本は、「明日のための寓話」という章で始まっていた。

アメリカの農業地帯の小さな町。そこには春がくると緑の野原のかなたに、白い花のかすみがかかり、無数の小鳥がさえずり、川にはたくさんの虹鱒《にじます》が泳ぐ光景がみられたものだった。

「ところが、あるときどういう呪いをうけたわけか、暗い影があたりにしのびよった。……自然は沈黙した。[*2]」

春の声を沈黙させた原因は、大量の化学薬品の広域無差別散布と殺虫剤、除草剤の誤用であった。そのレイチェル・カーソンの指摘から二十年の時が過ぎた。寓話の町におこった沈黙の春は、その間に合衆国だけでなく、私の国、私の町でも見られた現象だったが、それを自分の胸の痛みとして受けとめる人の数は今、次第に多くなってきている感じがする。

自然が見せる連鎖の環を知るには、その自然の中を歩き、大地の上に眠るのが一番だ。そう自分に言いきかせて、また旅にでる。最小限の身嗜《みだしな》み用具をルックサックのポケットにしのばせて……。土地も水も汚すものか！

トイレット・ペーパー、石鹸、歯磨きブラシ、そしてバンダナ。それだけだ。髭を剃るための道具は必要ない。ジョン・ミュア[*3]にならって髭をのばしてしまえばいいのだから。それこそ自然というものだ。

歯は……。食物は死ぬまで自分の歯で食べたいものだ。で、歯ブラシは必要。ところで、口の周りを白塗りの化け物のようにしてしまう、あのクリーム状のペーストは、果たして有効なものなのだろうか。その成分もあまり詳しくわからないし、なんとなく疑わしく思ってしまう。とはいえ、気分をすっきりさせたいという願いを無視するのもあまり得策ではないから、最小限のペーストを持つことにしようか。

そして石鹸、これも多目的に使えて、しかも水や土を汚染しないものを選ばねばならない。バリー・コモナーが『なにが環境の危機を招いたか』[*4]で述べた「リン酸塩を含んでいない洗剤を使い」をすでにバックパッカーたちは実践してきた。頭髪も、体も、下着も、野菜も、食器もそれひとつで洗ってしまえる洗剤を使ってきたのだ。

〝バイオディグレイダブル〟と、その石鹸水には表示がされていた。微生物による化学的分解可能な、という意味だ。

「生命の消滅を防いできたのは、原始の生物が出す廃棄物を、新鮮な有機物に再生することのできる新しい形の生命が、進化の段階において創られたことである。光合成生物が現れることによって初めて、生物が生物を喰ってゆくという直線的な生命のコースを、生態学的なサイクルに変形した。環を閉じることによって、いかなる生物も、それだけでは不可能であった生存を、限りなく続けるということができるようになったのである。[*5]」

　この環を閉じることによってというのは、環を連鎖させることによってと考えるとわかりやすいかも知れないのだが、小さな洗剤の一滴が土壌と水を汚すことになり、生物の連鎖の環を断ち切ることになると考えるのは、なんとも心に重い。

　バイオディグレイダブル石鹸というのは、言ってみればひと昔前の石鹸のことだ。椰子《やし》油をはじめとする天然の油脂を使って作るもの。香料なども含まないから、味も素っ気もないが、それでいいではないか。この石鹼、あるいは石鹼水を少量使う。別に出し惜しみするわけではない。いくら無害とはいえ、これが地中から川へ、そして海へ流れることを考えたら、大量に使わないほうがいいに決まっていると思うからだ。

私が今、旅に持参するその石鹼水は日本コンスタン社のナトリ・クリーンという液状のものだが、写真のそれは一般的なトラベル用、ポケット・ソープ。液状で洗顔用だ。そしてまた、私が使う歯ブラシは、デンマークのバスタ製。握り部分にペーストを詰め、そのグリップエンドを押すと、ブラシの中央部からペーストがしぼりだされてくる。これで充分。

多少の不便、それが自然の暮らしぶりというものだろう。

＊1　一九〇七年〜六四年。動物学専攻。海洋生物に関するエッセイを発表した。
＊2　『沈黙の春』レイチェル・カーソン著、青樹簗一訳、新潮社、文庫。
＊3　ヨセミテの自然景観発見者。合衆国自然保護の父とされている。
＊4　バリー・コモナーは植物生理学者。環境問題を論じたこの本は一九七一年に発行された。
＊5　『なにが環境の危機を招いたか』バリー・コモナー著、安部喜也、半谷高久訳、講談社。

トイレット・トラウェル

自然遊歩の際の落とし物。それを消すための小さな道具は…

水が苔の割れ目から流れ出ていた。手を添えた。掌の上で水は弾けて散った。冷たかった。夏だなと思った。腰を落ちつけてしばし新緑の葉蔭から漏れる日射しを仰ぎ見ようと、あたりを見回し、好場所を探した。

緑の下生えと黒みを帯びた土との調和のとれた光景の中に、突然、不似合いな塵芥の塊が浮かびあがった。なんていうことだ。青やら赤やら、それに不透明な白やら、生硬《せいこう》な色が氾濫している。食品を包んでいたに違いない合成樹脂の容器が、そのままの形を残して大地の上に転がっているのだ。清冽な清水のほんの近くに。私はなんの役にもたたないことを承知しつつ、バックパックの中から小さなスコップを取り出し、その塵芥の山を消しにかかった。

かつて鉄という素材を見出し、道具づくりをはじめた頃、人々は今と同じように、その不適応な異和感に深く悩まされたのであろうか。硝子《ガラス》が生活の中に入りはじめた時の人々はどうだったろうか。木や石や土を素材としてはじめて手にした時は……

私たちの時代の新しい素材、それは自然のもたらす原素材に、複雑な化学工程を絡ませて誕生させたものだ。ステンレス、そして多くのプラスチック。プラスチックは合成樹脂と漢字で表記された。樹脂はいうまでもなく、樹木から分泌する粘液、空気に触れて固体、半固体となるものだ。松脂《まつやに》も護謨《ゴム》も樹脂だ。時を経れば、地中でそれは宝石となる。その樹脂状を化成物によって作りだそうと試みて合成の字が当てられた。その時からすでに、この新しい素材は他の原素材を模倣して生きる運命にあったのかも知れない。

少年のころ出会った合成樹脂は、はなはだしい異和感を感じさせるものではなかったと私は記憶している。、セルロイドの玩具、帳面《ちょうめん》の下敷き。ベークライトの電球ソケット。どれも毛嫌いしなければならない存在ではなかった。なのに今はどうだ。代用を通りこして生の模倣物、つまり偽物となりはてている。木肌の真似、竹の真似、さらには生きものの擬態さえもさせられている。

プラスチックそのものの誕生はいうまでもなく人間の知恵の結晶であった。それは軽く、丈夫で、耐蝕性、絶縁性に優れている。そしてなによりも熱と圧力を加えることによって、いかなる形にも成型され、また着色される性質を与えられている。修練の手技を必要とせず、それは大量に生み出されもするのだ。言ってみれば、万能な存在なのだ。

レッド・スナッパー製EZ68、全長27.5センチ、軽量。合衆国産。

テレビジョンの映像が人工心臓をつけた山羊の姿を映しだしている。人工心臓も合成樹脂、それを見るテレビジョンの容器も同じく合成樹脂。もはやこの素材を拒否してすむ時ではない。しかし、それにしてもこの万能の素材、プラスチックのなんと貧しい使われ方をしていることか。梱包材、使い捨て容器。水に溶け、土に帰ることを許されないこの二十世紀の知恵の結晶が、群れを作って川を流れ、淀《よど》みにたまり、そして山中に散乱する。

プラスチックが生活の細部に入り込むにしたがい、私たちは日常生活のすべてに繊細な美意識を働かせることを忘れ、色にも、形にも、また肌触りにも無感覚、無感動になってきているように思える。いつの頃だったか、ポリバケツと呼ばれる、色も形も、自然環境、生活環境にまったくそぐわない存在が登場し、汚れを体にこびりつけたまま、路上に放置されるようになった時から、私たちは麻痺の感覚に捉われてしまったのかも知れない。

私が野山の散歩に使う小さなスコップはその塵芥容器と同じ材質の合成樹脂製。へら部分の長さは六インチ（約十五センチ）だ。先端から一インチ（約二・五センチ）ごとに目盛が入っている。このへら部分と長さ十二センチの握り部分が一体成型になっている。製品名はEZEE《イージー》。安易《イージー》なことこの上ない。コリン・フレッチャーは単に〝トイレット・トラウェル〟と、これを呼んでいた。

このスコップのへら部分につけられた目盛は土の表面を掘る際の目安を示したものだ。バクテリアによる分解を速やかなものにするためには表土をほんのわずか、ひっかいた程度では役にたたない。また、深く掘りすぎても意味がない。分解バクテリアも菌類もそこでは活発に働かないからだ。好ましい深さは十五〜二十センチ。へら部分の長さということになる。穴掘り、トイレット作りのためにこの小さなスコップ、合成樹脂製のそれを手離したことがない。

体から排泄されたもの、あるいは天然の素材で単純につくりあげられた製品はいつか、土に帰ることができる。しかし、現在のところ合成樹脂にはその帰るあてが見つからない。時折、このプラスチック製器具を使って、プラスチック製塵芥の墓づくりをすることがある。私自らの戒めの役にもたっているようだ。

単眼鏡

微細なものが集結した広大な自然。その不思議を「見たい」と思う

五感の中で、最も大事なのは〝触〟。私はそう思っている。当てにできないのが〝視〟私の両の目は、ひどくその出来が悪く、ものの姿、形態を正確に把握できない。近くのものも、遠くのものもだ。多分それが視感覚への信頼感を弱めている原因のひとつに違いない、と常日頃、恨みがましく考えているところだ。

もう、見るという行為には最初から諦めがあり、たいして期待はしていないのだけれど、それでも好きなものに出会うと、一所懸命、その本当の姿を認識したいと凝視し、うまくいかない焦点合わせを、長い時間かけて繰り返したりもする。そしてひとり、いらいらをつのらせる。

悲しいことに、自然の中に身を置くと、その苦手の〝見たい！〟という願望がしきりと呼び覚まされる。もちろんそれが身近にあり、触れ、匂いをかぎ、耳を寄せ、時には舌にのせてもみられる場合には問題はないのだが、遠くのものはそうもいかない。不自由な視力に頼るしかない。というわけで、勝手気儘の遠足旅行には、私は気に入りの双眼鏡、いや単眼鏡を携帯していくことにしている。

旭光学製の8×30モノキュラー。これにクローズアップ・レンズとルーペ・スタンドを合体すると25倍の簡易顕微鏡になる。

視力の弱さの反動だろうか、私は細かなものを見るのが好きだ。絵画一枚とっても、細密画には強い親近感を覚えてしまう。細密なものは、時に狂気の世界を感じさせるものだが、よく見ると生きものというのはすべてその、狂気じみた細密さでなりたっていることに気づくのだ。

山女魚の鱗、鳶の羽、蜉蝣の眼球、蜘蛛の糸、松の毬果に蝮草の仏焔苞。どれもすごい。自然を構成するものたちのどこにも、大雑把さがない。限りなく微細な世界が連続して広大さを生みだしている。マイクロとマクロ。そのふたつの極の間をいきつもどりつするのが野遊び、川遊び、山遊びの一番の楽しみである。

望遠鏡と顕微鏡を背負いあげ、一日中、大なるものや小なるものを円形の空間の中に切りとって忘我の境をさまようことができたら、これは最高の楽しみとなること間違いないが、残念ながら実体顕微鏡[*1]はラボの中に据えつけられてこそ、その機能を果たすもの、また望遠のスコープも、移動の多い遊歩の旅にはその利点を発揮できない。

不意に眼前に出現する野生の動・植物、あるいは気象現象を、めまぐるしく拡大、縮小して瞳の中に捕え、一喜一憂しようとするには、そのどちらも大きすぎ、重すぎて扱いにくい。

単眼鏡とルーペ、あるいは移動実体顕微鏡と呼ぶべき器具を持って野山を歩くことを覚えると、世界がまたひとつ変わるのだ。感嘆の気分が著しく増幅され、いたく刺激的な時間を過ごすことが可能になってくる。

渓谷の水中、丸石の底を這う蜉蝣幼虫をすくいあげ、白いトレイの上にのせ、顕微鏡でのぞきこむ。体側に張りだした小さな鰓《えら》の中で血液が動き流れている。ロボットでない生きものの、これ以上ない精緻さを見ていると、目の前がなにやら明るく開けてくる感じがする。すごい、と思う。これはいわゆる観察ではない。ただ目撃するだけだ。鰓の数が何枚かとか、前肢より中肢が長いとか、頭部前縁突起は突端がふたまたになっているとかいったことは、まったく問題ではない。ただあるがままを目にするだけ、驚くだけ。それでいい。いやいや、それがいい。

私がバックパックやデイパックの中に入れて運んでいく〝視《み》る〟ための器具は、八倍の単眼鏡と三倍のルーペとがペアになっている変わりもの。さらにこの単眼鏡とルーペのクローズアップ・レンズを接合させると、うれしいことに二十五倍の実体顕微鏡に変身する。視覚の中に、ただ驚きと感動を味わいたいだけの非科学人間には、もうこれで十二分、といった素敵な道具だ。

虫や魚、そして鳥たちを見ているうち、それらの生きものに自分がまた見つめられていることに気づく。鳥を見る時、鳥も人を見ている。見つめあっている互いが、それぞれ同じ世界に生きる生命なのだと、はっきり思えてくる。生命の霊のありどころがなんとなくわかってくる感じがする。と同時に、そんな小さな生命を無数に宿し、育み、ただ在りつづける大地、山と森、そして渓の姿が、まさに一大伽藍なのだと理解されてくるのだ。バード・ウォッチング[*3]という言葉で示されるような一方的な観察など、なんの意味もないことだとわかってくる。

樹林を見、樹林に見られ、山を観て、山に観られる。心がいつの間にかぬくもってきて、風の音の中に、なにか言葉を聞く思いにとらわれてくる。自然の中にマクロとマイクロを窺う器具、それはまた自分自身をのぞき見る鏡の役割をしているのかも知れない。

*1　研究室。
*2　同定の場合の検索のポイント。
*3　探鳥。鳥類の観察行為。

バード・コール

既確認飛行物体との第二次遭遇を可能にする呼び笛。その使用心得の第一歩は…

『世界動物文学全集』という本がある。その四巻目に「滅びゆく川の物語」という一編が含まれている。この原題は「ザ・ストリーム」、ピラミッド・ブックスの中の一冊。著者はロバート・マーフィー。ボブ・ハインズの描く森の動物たちのイラストが入って原書は温かみのある装丁のペーパーバックだった。出版は一九七一年。環境問題がクローズアップされはじめた時代の作品だ。この本の翻訳である『世界動物文学全集』4につけられた、訳者・藤原英司氏の「解説」について書きたくなった。藤原英司氏は高名な動物学者であり、環境保全問題にとり組まれ、多くの著作、翻訳を手掛けられ、野外生活愛好者の間にも馴染み深い方、であるのは言うまでもない。

とても長い文章なのだが、その「解説」の中の一部をここに引用させていただきたいと思う。その言葉のひとつひとつがとても大事で、少しでも多くの人の目にふれ、真剣に考える機会が生まれればと思うからだ。

「この作品の主人公オルムステッドは典型的なアメリカ型アウトドア・マンである。彼は熱烈なハンターであり釣師で、いわゆる野外生活（アウトドア・ライフ）に強いあこがれをもつ男だ。野性と野外での生活を求めるアメリカ人はかなりの数にのぼり、そういう人のための雑誌も今日数多く発行されている。

アウトドア・マンは、いわゆるナチュラリストではない。ナチュラリストは自然の優しさ厳しさ、美しさのすべてに対して深い敬愛の気持をもち、自分が自然を求めて自然の中へはいる時でさえ、自然をできるだけ傷つけないように気を配り、自然に対して暴力をふるうことは考えようともしない。

だがアウトドア・マンは、自然と互角に戦い、自分の力で自然の一部をはぎとってでも自分の欲望を満たそうとする。かれらにとって、自然の中で自らが生きぬくことは自分がこの世に生きていることのあかしであり、そのためには狩猟も釣りも、自分の存在を証明する積極的な手段である。かれらは動物殺しを自然の破壊行為の一種とは考えず、それは自然の中で生きぬいていくあらゆる動物に課された宿命であり、人間もその宿命を負っている以上、それを否定することは生そのものを否定するに等しいと考える。従って動物殺しに対する罪悪感はなく、もし強いてそれを罪悪と呼ぶなら必要悪であると考え、ナチュラリストの自然への対応を軟弱思想と呼んではばからない。ナチュラリストは、こうした殺さねば生きられぬ人間の宿命を認めながらも、自然への敬愛が強いあまり、そうした行為を極力否定する側に立つ。

右から猛禽用コール（ネイチャー・ショップ製)、エルク・コール（鹿類用、オルト製)、共鳴胴体をつけて使用、ダック・コール、手前はオーデュボン・コール

いわばナチュラリストの自然への接しかたは恋人に対するプラトニック・ラブ的な要素に満たされているといえるだろう。これにひきかえ、アウトドア・マンの自然への対応は掠奪結婚の思想に通じるともいえよう。」[*1]

この後に藤原英司氏は、「最終的には、自分の存在にかかわる二面性のほどよい妥協の上に生を築くことになる。」[*2]として、ナチュラリストもアウトドア・マンもまったくの対極にあるものではないと語りついでいくのだが、「アメリカでは建国以来、ナチュラリストにくらべ、圧倒的にアウトドア・マンの数が多かった。その結果、新大陸の自然は苛酷な人間の収奪にさらされ、すさまじい自然環境の破壊と汚染がおこった。そしてその反作用としてナチュラリスト的生き方が要請されるようになり、自然に相対する時の国民的自覚が高まった。だがその根底に残る思想的基盤はアウトドア・マン的要素が強い」[*3]という言葉の中には、どちらか一方の態度のほうが正しいとする姿勢を充分にうかがうことができる。さて、あなたはどちらのタイプの人間なのだろうか。

私はといえば……そう、私は、「一般的には野生動物の保護とは、彼らが棲息し通う森を、彼らのために作ってやることを意味する。人間に関しても同じことがいえる」[*4]と言う、一世紀も前のアメリカ人、ソローの言葉をかみしめながら、プラトニック・ラブでも掠奪結婚でもない、本当に精神と肉体のすべて、つまり生命そのものが納得されるような融和の形が欲しいと思っている。それは不可能なこととも思えない。楽観的に過ぎるだろうか。

初冬の森を歩く。そこここで鳥や小動物の動くのを見る。その姿を目にするだけで楽しい（これはナチュラリスト的姿勢）。しかし、それだけでは私はものたりない。私自身とその動物との間に張られる一本の糸を確認したくなる。

私は口笛を吹く（多分これはアウトドア・マン的姿勢）。動物は私を見、あるいは近寄り、あるいは逃げ去る。私はそこまでで満足する。殺したいとは思わない。しかし、ただ眺めるだけというのも、結局動物たちの破滅に手を貸しているような気がする。私は動物たちと手を握りたい。そのための道具がコール[*5]、呼び笛だ。それは決して殺すための武器ではなく……

＊1、2、3『世界動物文学全集』4「滅びゆく川の物語」ロバート・マーフィー著、藤原英司訳、講談社。
＊4『アメリカ古典文庫』4 ヘンリー・D・ソロー「散歩」、木村晴子訳、研究社出版。
＊5 本来の使用目的は、やはり狩猟用鳥寄せのためだろうか。

スポーツ・キャップ

頭部をまもる小さな布切れ。帽子はただそれだけのものではないらしい。

武市好古[*1]さんに会った。素敵なハンチング、いやスポーツ・キャップをかぶっていた。「ダービー・キャップというらしいですよ。これを頭にのせていると、競馬関係の人間てすぐわかるんですよ、ロンドンでは……。」そうなのだ。ベージュ色のこの帽子をかぶって馬の面倒をみている男の写真を見た覚えがある。それにしても決まっているな。私は感心しきり、少しばかりうらやましくもあった。

というのも、私もこのスポーツ・キャップが大好きで、帽子といえばこれしかないと思っているタイプの男だからだ。ただハンチングとか鳥打帽とかの呼び方は好きではない。私はこれを単に〝帽子〟と呼ぶことに決めている。この〝帽子〟をかぶった男たちを、私はたくさん見てきた。まずは父親。父はこれを頭にのせると、鏡の中で左右一度ずつ首を振って、その決まり具合を見てから外出するのがくせだった。

ジェームス・ディーン[*2]、スヴェン・ヘディン[*3]、アーネスト・ヘミングウェイ[*4]、そしてロイヤル・ロビンス[*5]。写真の中で出会う、憧れの、そして敬愛の男たちの頭に、この〝帽子〟がいつものせられていた。

ノンブランドの六枚はぎ、白木綿のスポーツ・キャップ。前部に「ベル」のエンブレムがついていた。二輪ショップに同型のものあり。

戸外でかぶる帽子はなかなか難しい。強い日差しをさけ、雨をよけ、寒さを防ぐ。そうした実用性の面だけを考えたら面倒なところはなにもなさそうだが、足元の靴と同様、帽子はどうも、ただそれだけではすまされない感じ。各人各様のお洒落《しゃれ》心がそこに加味されて、ことは複雑になる。そんな気がする。人の顔は千差万別。実用性の高い素敵な帽子も、人によって似合ったり似合わなかったりする。ただ〝もの〟として壁の面にかけられている帽子と、人の頭にそれがのった時とでは、その感じがまったく違うのだ。それが面白く、また面倒なところでもある。

私はと言えば、これがまったく帽子駄目人間。何をかぶっても似合っていると思えたためしがない。だから、戸外でやむを得ずかぶらねばならない帽子には、とても苦労してきた。大いなる試行錯誤の果てに、私はやっとひとつの型を見つけだした。それがハンチング、いや〝帽子〟だったのだ。そのきっかけをつくってくれたのは、ひとりの背の高いアメリカ人。名前はロイド・プライス。ヨセミテ登山学校の校長をしていた男だ。専門の岩登りのほかにグライダー操縦やら毛鉤の鱒釣りやら、幅広い野外生活を楽しむ、スケールの大きい男だった。

ある日のこと、たまたまその〝ビッグ・ロイド〟といっしょにマーセド川で鱒釣りを楽しむことになった。コーデュロイのパンツ、フランネルの長袖シャツ、ジョギング・シューズ、それに〝帽子〟これが校長先生の釣りのいでたちだった。二輪ライダーたちのアフター・レーシング・キャップ。ヘルメットをはずしたあとにかぶる白木綿の六枚はぎ。〝ベル〟[*6]のエンブレムがつけられたままの〝帽子〟を無造作に頭にのせたロイド・プライスの姿は、それはそれは新鮮だった。

そうだ、これだ。これなら自分にもかぶれるかも知れない。私はそう思いながら、ビッグ・ロイドを見上げていた。

丸く、平らでつばのつきでたデザインは、他のどんな帽子より、安心してかぶることができそうな、なにげないスタイルをしていた。私の帽子は、その時決まった。それからはずっと……

数年前、アイダホ州ケッチャム[*7]でジャック・ヘミングウェイの鱒釣り[*8]を見た日、私はまたまた、この〝帽子〟熱愛病がさらに昂進する気分を味わった。パパ・ヘミングウェイの息子、そしてマーゴとマリエル・ヘミングウェイの父親であるジャックの頭には、サンド・ベージュのダービー・キャップがのっていた。ぴったりと決まって、いかにもかぶりなれた感じだった。流れの中を歩きながら彼は、ベートーヴェンのピアノ・コンチェルトの一節を口笛で吹きつつ、その〝帽子〟をいきなり水につけ、流れ落ちる水ごと、それを再び頭にのせた。そうだ、帽子はあのように気取りなく扱うものなのだ。その時からますます私のこの〝帽子〟への愛着と自信とが深まっていったような気がする。

ベルのエンブレムつきにはじまった木綿の白い〝帽子〟はその後、年とともに成長し、エンブレムなしのノンブランドものからさらに前進して、今はイギリス製のカンゴル・キャップ[9]へとたどりついた。

さらにそれは白木綿をかぶれる夏場用だけからまた一歩進んで、ウール製のスポーツ・キャップ、〝冬の帽子〟を手に入れることにまで発展した。灰色をしたそのウール・キャップを頭にのせ、雪の原を歩いた時、私は自分の帽子が完成したと思った。自分の世界を持った、という安心感を味わうことができた。

帽子の決定。それは大事なことのような気がする。というのも、帽子がその持ち主の住む〝世界〟を示していると思えるから。

＊1　一九三五年〜。劇団四季演出部を経てフリーの演出家。世界各地を旅している。
＊2　一九〇九年〜三九年。「エデンの東」他で圧倒的人気を得た俳優。自動車事故で若くして世を去った。
＊3　スエーデン生まれの地理学者。一八六五年〜一九五二年、中央アジアの探検で特に有名。
＊4　一八九九年〜一九六一年。作家であると同時にアウトドアーズマンとしても有名。
＊5　一九三五年生まれの合衆国の登山家。ヨセミテのビッグウォール登攀で有名。クリーン・クライミングの提唱者。
＊6　オートバイ・アクセサリーのメーカー。ヘルメットは特に有名。
＊7　一九五九年以降、ヘミングウェイが住み続けた土地。狩猟と釣りの好地である。
＊8　ヘミングウェイの長男。ケッチャムに住む。一九二三年生まれ、鱒釣り狂。
＊9　KANGOL CAP

木綿のフィッシング・シャツ

汗と水にぬれて、夏の一日を水辺で過ごす。軽快鱒釣り服の決定版を探すと…

オオナモミ[*1]の大群落の下をかいくぐって、やっと水に足をつける。思ったほどの水量ではない。誰が捨てたものか、水底の石間に白い不透明な台所の容器が挟まっている。その上を流れる水が特別鮮やかに波紋を描くのが少しばかり心を沈ませる。体中に汗をはりつかせ、夏の午後、私はフライ・ロッドを手にして水と遊んでいる。

鱒釣りの気分を十二分に満たしてくれる服を探してみるが、これがなかなか思うにまかせない。ミリタリー風の厳格なヘビー・デューティー[*2]仕上げの服もいやだし、かといって日頃の仕事着そのままというのも、ルーズに過ぎて雰囲気ではない。鱒に対して失礼だなと考えてしまう。

定型が見つからないから、いつもいつも、その時の気分で服装が変わってしまう。それではいけないとわかってはいても、どうも決定版が見つからない。それを十年以上も繰り返している。寒い季節はまだいい。重ね着でなんとかなる。機能性というやつを表に押したてることによって、美しさ、やさしさ、温かみなどには目をつぶってしまっても、なんとか格好はつく。しかし暑い夏の盛りはそうもいかない。薄手のシャツ一枚、裸同然のこともある。人格が全部剝き出しになってしまっている感じだ。川を歩き、鱒釣りに出会うたび、私はその技術や人となりと同時に、服装にもいたく興味をもって眺めつくす。ただそれは、誰が何を着ているか、という考現学的興味からではない。鱒釣りの多くが、実に上手にその服装を自身の肌に馴染ましているのが不思議で仕方ないからなのだ。うらやましく、いかにしたら、そんな素敵なことができるのか、秘密を探り出してやろうという気持ちから、どうしてもまじまじとその全体像をなめつくすことになってしまう。

私にも気に入りの鱒釣り用夏服がなかったわけではない。あるにはあるのだが、これが私自身と同じほど齢を重ねた年季もの。先の代の男からゆずりうけた純綿製のため、すでに繊維は細まり、透けて、先の風景が全部見えてしまいそうな感じ。仕立ては素晴らしく、デザインも〝最新風[*3]〟なのだが、いかにしても年を取り過ぎている。本当は引退させねばいけないはずのしろものなので、なかなか袖を通しにくい。その年一番の記念釣行にだけ着用するというのが、ここ数年の慣わしとなっている。もし万一、その旅の途中で、このシャツの寿命がつきるとしても、それはきっと思い出に深く残るに違いないだろうと考えてのことなのだ。このシャツに代わる鱒釣り夏服を探しておかなければいけないと思っているのだが、それがなかなかうまくいかないの

L・L・ビーン製フィッシング・シャツ。コットン・ポプリン、左袖にサングラス・ポケット、背中に雨具用ポケット、胸に４個の大型ポケットがついている。

だ。頭の中をシャツがかけめぐる。

盛夏の渓流を歩き、鱒を釣る際には、やはり木綿のフィッシング・シャツがいいと思う。ただし厚手のものは駄目だ。というのも、皮膚から吹きでた汗を吸収したその布地が、わずかな時間のうちに風を通し、その水分を放出しきってくれなければ、たちまちのうちに体表の熱は奪われ、急激に冷気を覚えてしまうからだ。薄手の木綿はすみやかに汗を吸い、またわずかな時間で乾きをとり戻してくれる。

汗を出して歩き、鱒を釣り、また歩く。その繰り返しには、この冷汗放出効果の高いシャツが望ましい。もちろん上質の薄手ウール・シャツや、同じく純毛の下着を身につけておくべきというヘビー・デューティー指向もわからないではないのだが、夏の盛りには、それはやはり決意がいる。木綿の肌ざわりのよさを無視するのはなかなか難しいものだ。たしかに夢中で釣りするうち、水中に倒れこんだり、滝の水を全身に浴びたり、もっと暖かくしておくべきだったと考えたくなる時もある。しかし、夏は夏。シャツの乾く間くらい裸のまま石の上に横になっていたところで……

というわけで、乾きの早さ、私はこれを夏の釣り服の第一条件にあげ、薄手木綿のシャツこそ最上と考えることに、特別ためらいを感じなくなってきている。

シャンブレー（ダンガリー）、ピマ、オックスフォード。純綿素材の鱒釣り夏服がいろいろ登場してきている。肩上にビノキュラー・ストラップ[*4]を固定するエポーレット、[*5]胸元や袖のポケットにはボタンつきのフラップ。[*6]そんなディテールをもった長袖、半袖のシャツが中心になっている。どれも悪くない。ただこれらのシャツたちは、水の匂い、岸辺の草木の匂い、そして汗の匂いをしみつけ、洗いに洗い、使いに使い、生地が薄くなりはじめる頃にならないと、鱒釣りの体に馴染んでこない。長い時間が必要となる。だから逆にシャツを見ると、その鱒釣りのキャリアが読めるのだ。

水と親しんだ時間の長さがシャツの表情、顔の表情をやわらかな、温かな、やさしさのある、美しいものにしている。それを見るのが私は好きだ。さて、次の鱒釣りを探して……

＊1　北米原産で日本各地に帰化した背の高い植物。
＊2　重装主義。
＊3　着脱式の襟は、とうに失なわれていたので、自然のうちにローカラーのコンテンポラリー・シャツになってしまっていた。
＊4　双眼鏡の紐。
＊5　肩章から転じた肩上の折り返し飾り紐。トレンチコートなどには必ずつけられている。
＊6　雨蓋。ポケットの口を覆う。

フライフィッシング・タックル

鱒との至上の交感も、ついに機械にはならなかったこの道具たちあってこそ。

幸か不幸か、私もまた鱒釣りの味を覚えてしまった一人である。自分の将来を、その道の中、完璧なまでに閉じ込めきってしまっても、決して後悔はいたしません、と山川草木の精霊たちに誓いをたててしまった一人である。あるいはもっと別の生き方があったやも、と考える日がいつか来るのかも知れないが、それはその時のこと。今はまだ駄目。鱒と昆虫と、それを秘匿する川とが、私の心の全部を占領している。「釣りの魔力は、つまるところ、釣れるか釣れないかやってみるまで絶対に分からないという黄金の不確定性原理にその根を持っているらしい。どんな仕掛けでも必ず釣れるというようなことにでもなれば、釣り人たちは、玄人筋も含めて一人残らず、たちどころに愛想を尽かしてしまうだろう。どんな仕掛けにせよ、天狗でい続けさせてくれるほど釣れはしない。だが大悟するほどに釣れないというわけでもない。この絶妙な呼吸があればこそ、釣り場の魔力は今日も健在なのである。*1」

相手は生きもの。釣り人の心の動きになどまったく頓着しない。釣り人はいつも魚になぶられている。とはいえ、それを不愉快と思ったことなど一度もない。魚を相手

今やクラシックな感じさえするグラスファイバー製パックロッド、４本継ぎ。リールはオービスCFOⅢ。フライボックスを添えて。

にするだけの釣りは孤独に過ぎるという人もいる。それもたいして気にならない。

「独りになると想像しただけでもう気が変になる人も、そうとも知らず孤独に釣りをしているものなのだ。

……肘と肘を触れ合って同じところを釣る釣り人はいない。自ずと互いの姿の見えないところへ、少なくとも声の届かぬところまで離れていって釣りをする。釣りという行為に入れば、映画やレストランに独りで行くなど滅相もないことだ、と思っている人でも、自然に孤独になっているものなのである。[*2]」

誰にもわずらわされることなく、思いきり物思いに浸ることのできる時間、現代においてはこれはやはり貴重な存在ではないだろうか。もっとも、その物思いが高尚なものであるかどうかは別問題。たいていはつまらぬことの堂々巡り。あれやこれやの俗事に捉われながら、相手は魚なのだから、とついつい自分のすべてをさらけだす。その姿と心を見詰めているのは自分自身だけ。時には浅ましさも見える。

「むら気な魚を狙うことには、いつも完膚なきまでの惨憺たる敗北の影がつきまとってくる。そしてこの影は決して幻にはなってくれない影だ。だが逆に、そうした岩のような現実がなかったとしたら、釣り人たちはとうの昔にこうした魚たちを見限ってしまっていたに違いない。釣り人を一生虜《とりこ》にしてしまうようなことはなかったに違いない。[*3]」

魚の気まぐれさにおびえながら、なお孤独の世界に浸りきろうとする。そうこうするうち、少しずつ周囲のようすが目に入るようになってくる。呼吸が次第に楽になってくるのだ。

岸辺の広葉樹の葉をきらめかせて風が吹く。蜉蝣《かげろう》や石蚕《とびけら》の成虫[*4]が、その風に乗って上流へ飛び去っていく。青い空と白い雲を映した水がひたすら流れていく。その水の中を鱒が泳ぐ。自分の周囲のもの、すべてが流れている。そしてもちろん、時が盛大に流れている。その流れつづける時間と空間の中に浸りきる。いつしか自分の心も流れはじめていることに気づく。自然とつきあうことの喜びが、小さな毛穴を通して全身に浸透していく感じだ。流れの感覚。これが意外にも、心を静めるに強い効果をもつことに気づいた時、多分釣り人は、孤独を恐れる気持ちを忘れてしまっているに違いない。心地良さに身をまかせはじめているに相違ない。

鱒[*5]とのつきあい。それを思いきり満喫したく、私は毛鉤の釣りを選ぶことにした。生きた昆虫を常餌とする鱒。その肉体的躍動感、その頭脳の冴えを味わうに、自製の毛鉤を使うこと以上の仕掛けはないと思いいたったからだ。

小継ぎで持ち運びやすいパック・ロッド[*6]。水面に浮くフライ・ライン[*7]、テーパーのついた先糸。それを納めるリール。そして毛鉤。この必須の道具たちそれぞれは、釣り人の思い入れに育まれて、余剰なものをすべて削ぎ落し、単純を極め、完成品としての美しさを獲得している。

わけてもリールが見事だ。フライ・ラインを手繰りこむ、この真鍮製の小道具は、はるか昔に生まれたデザインを今も踏襲している。把手を一回りさせると、その径に応じた一巻き分のラインが芯に巻きつく。ただそれだけ。たくさんの糸を巻こうとすれば、それだけ手を動かさねばならず、時間をかけねばならない。決して機械にならなかったこのリールこそ、毛鉤鱒釣りの楽しさを象徴する第一の存在といえるだろう。ロッドを持つ右手と、ラインを握る左手と、その両方の掌につねに水の流れが伝わり、一瞬の鱒の動きが伝わってくる。そしてさらに強く感動が伝わってくる。単純な道具を手に、鱒のいる川、そのすべてを歩きまわりたい。風に吹かれ、流れにひたり、行く雲を眺めていたい。その想いが私を前へ進めている。

＊1、2、3 『釣れぬ日の慰め』アーノルド・ギングリッチ著、谷阿休訳、朔風社。
＊4 水生昆虫の幼虫は水中生活。水面、あるいは岩石の上で成虫となる。
＊5 私のいう鱒は、ニジマス属のレインボー、ブラウンの両トラウトをはじめ、山女魚（やまめ）、岩魚（いわな）、ブルック・チャーなどサケ属、イワナ属の魚も含んでいる。つまりサケ科の遊釣対象魚すべてを指している。
＊6 四本継ぎ、五本継ぎなとがある。
＊7 毛鉤釣りのライン（糸）は乾毛鉤用のフローティング・タイプと湿毛鉤用のシンキング・タイプとがある。

シュー・バグ・ジャケット

脅威の咬虫、その接近を未然に防ぐ魔法の上着。それを愛着する理由は…

アラスカの凍原。[*1] 地衣、蘚苔の敷きつめられた柔らかな大地のところどころに、苔《こけ》桃《もも》の小さな茂み、その中の水溜りから無数の糠蚊《ぬかか》[*2]がいっせいに飛び立つ。朝日がさしこんだばかりの時間だというのに。温かな血液をもった侵入者の存在が蚊の行動に変化を与えてしまうのか、まるで雪降りの光景だ。双翅目昆虫の襲撃で、馴鹿《となかい》が狂い死にすることがあると聞く。目といわず、口といわず、鼻にも耳にもとびこんでくる、この生きた雪片を追いはらっていると、ころげまわる馴鹿の姿が眼前に見えてきたりする。

奥日光、戦場ガ原、湯川のほとり。薄曇り日の午後、同じ糠蚊の襲来におびえることがある。また合衆国最北東部、メイン州。湖と川とカヌーの王国。初夏のその地はまた蚋《ぶゆ》の王国でもある。黒く小さなこの昆虫の脅威は南半球ニュージーランドにもみられる。ブラックフライと呼ばれて恐れられているのだ。

渓や高原に足を運ぶ時、こうした小さな昆虫との出会いは避けようがない。出会いを喜びたくない昆虫はほかにもある。赤牛虻《あかうしあぶ》や肉蠅《にくばえ》、黒蠅《くろばえ》がそれだ。銀山[*3]の虻、至仏山の蠅。考えただけで気分が悪くなってくる。

とはいえ、鳥や魚、四足獣のいない土地と同じこと、昆虫の姿が自分の足元、自分の眼前に見えない土地を歩くことなど考えられないことだ。虫のいない草原、そして渓流があったとしても、それはなんと寂しい風景だろうか。たとえそれがどんなにうるさく、わずらわしく、うとましい存在であろうと、それが存在しない沈黙の風景を見るよりははるかにましだと私は考えてしまうのだが……

「カリフォルニア州のクリア湖の例をみるといい。おどろくべきことが起こっている。この湖はサンフランシスコの北方九十マイルばかりの山中にあり、釣りをする人にはむかしからなじみのあるところだ。CLEARLAKE《澄んだ湖》というが、水は、くすんだ黒色の軟泥のため濁っていて、底も浅い。ここには小さなブユ chaoburus asticropus がいて、釣りにくる人や、湖畔の別荘地の人たちをなやませたのだった。……人間は、同じ一つの世界に住みながらほかの生物との共存をいやがり、この無害のブユをただ数が多すぎるという理由で邪魔あつかいしだした。すぐに防除しはじめたが、なかなか成果があがらない。一九五〇年近くになって、炭化水素の塩素誘導体の殺虫剤が登場。ＤＤＴによく似たＤＤＤという薬品を散布。ＤＤＴにくらべれば、

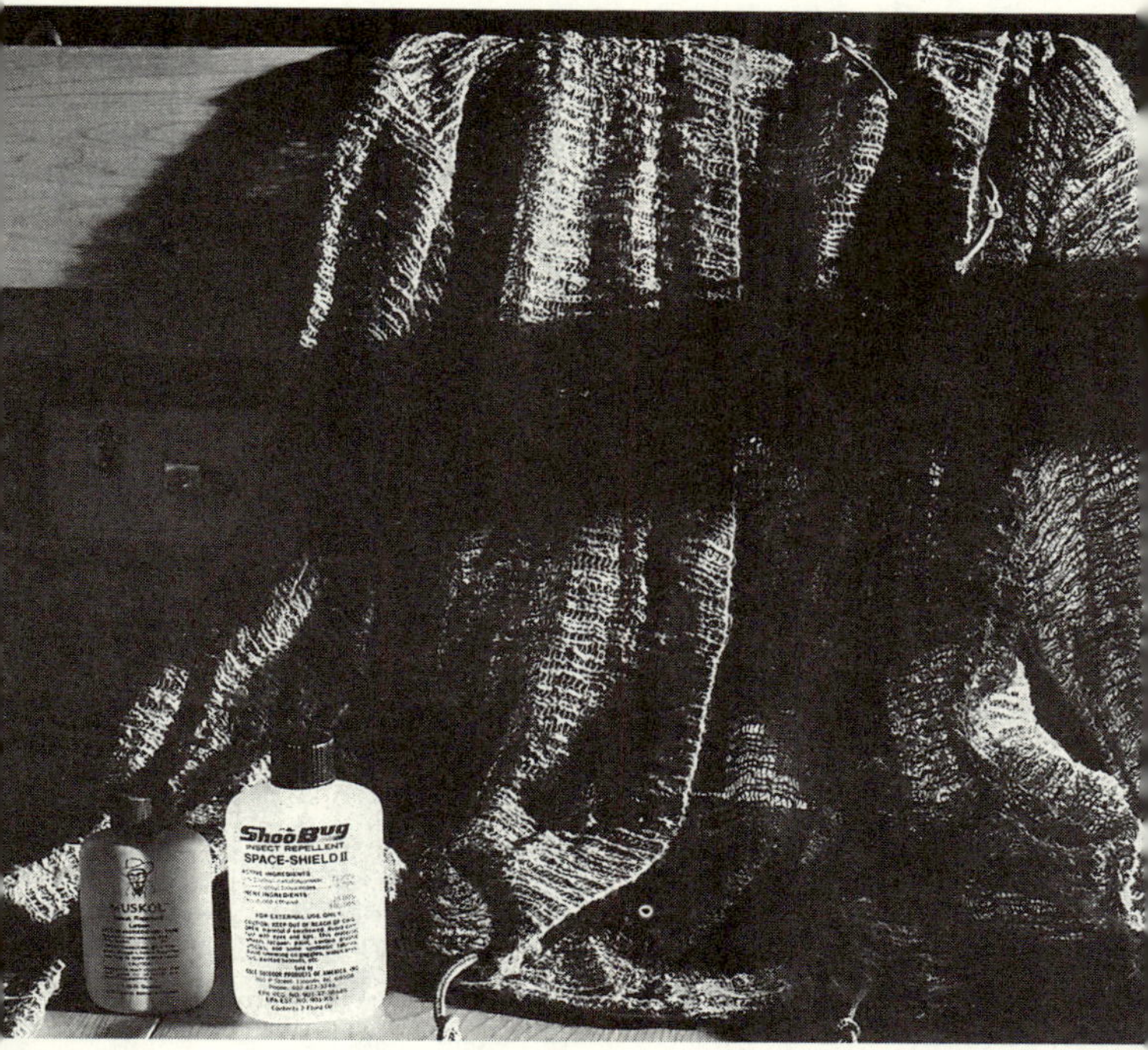

コール・アウトドア・プロダクツ・オブ・アメリカ製シュー・バグ・ジャケットと専用薬液スペースシールドII。左端は直接皮膚に塗布するマスコル。

魚に害が少ないというわけで……。ブユは、はじめのうちは姿を消したが、一九五四年にまた殺虫剤を散布する羽目になる。……ブユは、ほとんど全滅したと思われた。やがて冬がきた。殺虫剤の副作用がはじめてあらわれてきた。湖水のカイツブリが死にはじめたのだ。あっというまに、被害は百羽をうわまわった。……あいかわらずブユは抵抗をやめないので、第三回目の攻撃がはじまる。一九五七年だった。まえにもまして、おびただしいカイツブリが死んだ。死んだ鳥を調べても、一九五四年のときと同じように、水鳥のあいだに伝染病がはやった痕跡は見られなかった。だが、カイツブリの脂肪組織を分析してみると、一六〇〇ppmという異常に濃縮したDDDの蓄積が検出された[*4]。」

旅人が蚋をうとましく思う時間は、決して長いものではない。短時間だとすれば、それを避け、我慢する方法はいくらも見つけられるというものだ。それはどれほどの苦痛でもない。昆虫と鳥、そして魚を失う苦痛に比べれば……

双翅目昆虫からの防御に私が使うのは、軽く、持ち運びに苦労のない上着一枚。虻から身を守るに焼酎を染ませた手拭を首に巻いた先輩たちのスタイル[*5]に倣ったものだ。私の使う上着の正式の名前は、シュー・バグ・ジャケット bug を shoo する jacket、つまり虫追い上着というわけだ。合衆国製。コットン／ポリエステル繊維で粗目のメッシュを作りだしている。備品のプラスチック・バッグの中にこの上着を畳み入れ、スペースシールドIIというディエチル・メタトルアミド七〇％のリペレント二オンスをそれに塗布する。そのまま密封し、充分に薬液を染みわたらせたのち着用する。一度の塗布でひとシーズンは充分虫追い能力を発揮してくれるのだ。

海外の釣り旅はもちろんのこと、国内あちらこちらの夏の旅に、私はこの上着を手離したことがない。虫は一定の距離よりさらにもう一歩の侵入をためらってくれる。それでいい。それで充分というものだ。

＊1　ツンドラ。表土の下は凍っている。
＊2　極微小の双翅目昆虫。
＊3　奥只見ダム上の銀山湖。夏の只見一世帯はまさに凶悪虫の王国。
＊4　『沈黙の春』レイチェル・カーソン著、青樹簗一訳、新潮社、文庫。
＊5　本州各地で用いられている方法らしい。私はアルコールに弱いから、この方法の成果については答えを出せない。

ラバーボトム・シューズ

水の温もりに誘われてカヌーの旅。ゴム靴についた水滴がきらりと光って…

「ぼくらはもう一艘のカヌーとほとんど並んだ。そのままでぼくらは、漕ぐというよりも流れながら、次第に川をのぼって迫ってくる闇のなかへはいりこんでいった。早瀬はなかった——ただし水音は相変らず聞えていた——そしてぼくらは、岩だらけの土堤や、背が高く悲しげな長い葉の松のなかを進んでいった。…… 鷹が一羽、つばさの流れるように舞う外縁を、夕空の深い濃密な背景にくっきりときわだたせつつ、次第に消えてゆく紺青のなかで輪をえがいた。あたりは次第に未開になり、静寂につつまれ始めていた。…… 川にそなわる静寂は、この静寂のひびきは、ぼくらの誰とも、わずかなかかわりすら持っていなかった。[*1]」

カヌーの旅を考えると、心臓がどきんとする。体中に緊張感がみなぎってくる。私は水音の中に潜む川の静寂が好きだ。そして湖の静寂も。カヌーが水面を滑り、張りつめていた静けさが一瞬引き裂かれ、それが再びもとの静寂の中に戻ろうとする、ごくごく短い時の動きを、緊張しきった耳が捉える。水面で砕かれた冷たい色の空が乱れきり、修復に向かいかけるあの一瞬だ。カヌーの上から見る陸地。それはまったく

ソレル製パウワウ。レザートップ・ラバーボトムのモカシン・タイプ。底はチェイン・パタンのクレープ・ソール、スリップ確実防止。

見なれない風景。新鮮な視覚。耳と目が洗われ、その驚きが心臓に伝わり、全身をゆさぶる。

カヌー・トリップ。人生を終えるまでに果たしたいと思っている水旅の目的地がふたつあった。ひとつは合衆国東部、メイン州のランジェリー・レイク[*2]。

もうひとつはカナダ、ブリティッシュ・コロンビア州、ボーロン・レイク・チェイン。いつの日か必ずその夢を、と心に念じつづけていたのだが、一九八二年の夏、そのうちのひとつがついに果たされた。憧れのランジェリー湖の水にパドルを差すことができたのだ。

ノーシーアム[*3]と呼ばれる恐怖の咬羽虫。針葉樹に覆われた丘の起伏。背高の草にうもれて見えるへら鹿《ムース》の肩。松籟《しょうらい》の小島の焚火。低気圧の通過する水路の高波。雨中に響くアビ《ルーン》の悲声。黒曜石のような陸封鮭《ランド・ロック・サーモン》の瞳。木製のキャンプ道具入れ〝ワニガン〟[*4]。トネリコと藤とで編んだ目籠〝パックバスケット〟。はまぐり《クラム》の匂いのしみついたダッチ・オーブン[*5]。風倒木に振り下ろされる手斧《アックス》の刃。それらのすべてが私の五感の中で現実となった。合衆国東部のアウトドアーズマンにとって聖地ともいうべきランジェリー湖、メインの森。それが私の体を包んでいた。

残るはボーロン・レイク・チェイン。雪への思いがすっかり断ちきられる季節になると、きまってこの湖を私は脳裏に思い浮かべる。もちろん、まだ未踏の土地だ、本当の風景がわかるはずはない。それでも樅や栂の黒緑の森が、例によって冷たい、張りつめた夕焼け空の下で静まりかえっている風景は、もうすっかり私のものになりきっている。

ボーロン・レイク・チェイン。その名を聞くと、私の心臓がまた音を立てる。そして思う、いつの日かきっと……。チェインと呼ばれるとおり、この一帯は細長い湖が連なって、少しばかりゆがんだ四角形を作りだしている周遊水路なのだ。

ボーロン、スワン、スペクタクル、ボブコック、サンディー、そして四角形の一辺全部を占める大きなアイザック・レイク。全部で十一の湖と、それを繋ぐ川とで結ばれている。途中三カ所、合計で七キロほどは、カヌーを背負って陸路を歩かねばならないが、あとはすべて水の上。全行程七十二キロ。間に二十カ所ほどのキャンプサイト、八カ所のシェルター[*6]、十カ所ほどのパトロール・キャビンがある。

いつか、この水路を旅する時には、私は少しばかり、オールド・ファッションで身をかためたいと考えている。最新鋭の素材たちをなるべく手びかえ、多少時代遅れに見える衣服と道具たちに活躍の場を与えたい。

毛布のような粗い感じのバファロー・シャツ、すりきれかかったブッシュ・パンツ、そして足元はレザー・トップ／ラバー・ボトムのガム・シュー。森と湖の王国の中で、道具と衣装、そのもてる本領を十二分に発揮させてやりたいのだ。沼沢地を歩く。雨水の溜ったカヌーの底部に足を置く。ゴム靴の有難さをあらためて思い知るに違いない。

ボーロン・レイク・チェインへの旅がいつの日、決行されるのか皆目見当はつかない。しかし、湖と川は必ず待っていてくれると思っている。いかに年を重ねようと、そのことで水は人を拒否しないはず。私の夢は、年を積むに従い、一層充実して、機の熟すのをひたすら待っている。

＊1　『わが心の川』J・ディキー著、酒本雅之訳、新潮社。
＊2　グレイ・ゴーストという名の銘毛鉤発生の地。
＊3　NO-SEE-AMS ぶゆ。
＊4　昔から使われてきたカヌー旅行用の炊事用具収納箱。
＊5　鉄鍋。蓋の上で焼きものもできる。
＊6　差しかけ小屋。

楽しみのための測量計器

人はときに自分の置かれた状況を知る必要に迫られる。てだては測量。それを楽しむ。

尖つたトランシツトだの
だんだらのポールをもつて
古期北上と紀元を競い
白堊紀からの日を貯える
準平原の一部から
路線や圃地を截りとったり
岩を析いたりしたあげく
二枚の地図をこしらえあげる
これは張りわたす青天の下に
まがう方ない原罪である[*1]

測量され、犁《すき》をいれられた荒地はやがて農地となり、宅地となる。樹林と花園の王宮はその段階で失われてしまう。まごうかたなき原罪である。その原罪により、日常生活の快適さが保たれているのだ、と考えることは辛いことだ。

「空腹を感じた時には、誰からも強いられることなく自由に果実を摘んだかつての人間も、今では農夫になりさがっている」[*2]というソローの言葉は、ノマディクスの、つまり狩猟採集とか原始的農耕とかいった、職業とは呼べない生活への強い憧れを増幅させてはくれるが、原罪を感じることなく、真に野性の土地にひとり、生活をすることはやはり大変なことだ。

測量[*3]の結果を考えだすと、胸の痛くなる思いがするが、今はその測量の手の入らない原野を旅する夢と、その地に滞在するわずかな時間のなかで、思いきり愛惜の心情を発散させ、あとはまた静かに耐えるしかないのかも知れない。

とはいえ、この測量という作業そのものには、心を弾ます不思議な魅力がある。というより、私たちは本能的に、さまざまな測量をして毎日を過ごしているような気がする。たとえ都会のなかに暮らそうとも、体は自然に適応して動いていく。そこにはかならず時や方位、あるいは変化する気象に合わせて、なんらかの測量がなされている。釣りにでかけようとする朝、アラームの音より、わずかに早く目を覚ます。体のどこかが朝を感じているのだ。

自然のなかに足を運んだ時は、さらにいくつもの測量を無意識のうちにしている。

体はしきりに測量をしたがり、生存の準備を怠るまいと懸命に働く。
渡るべき川があらわれれば、その川幅を考え、深さを読み、流れの速度を見る。水の温度を調べ、川底のようすを頭に描く。そしてようやく足を水に浸す。山に向かう時も同じだ。常に現在地と山頂までの距離、あるいは高度差を頭の中で測っている。日暮れまでの時間を測る。霧にまかれれば、樹木や草、あるいは切り株などを頼りに方位を知ろうとする。
時や方位、あるいは距離のオリエン

右はテンポ製雪温計、アルミケースつき。気温も水温も計れる。中央はL・L・ビーンのジッポゲージ裏面の風冷効果表で表は温度計。左はシルバ・ハンツマン。

テーションは、ごく日常的な問題ということが言えるだろう。時計と磁石。この精密機器の力を信じない人はいない。危険度の高い山では、ラジオをもちこみ、天気図を作り、次の日の天候をそれぞれ測ることも必要となろう。未開の荒野を遠征する際は、高性能のコンパスを二個、三個。[*4]あるいは六分儀を使うことも。

しかし、軽いハイキングや小さな旅には、計器の使用より、星や岩や樹林や花を利用する測量のほうが似合いだ。自分の目で、自然のものを見る。これこそ生きていることの基本のはず。計器に頼ることなく、方位や時の測定をしようとすれば、私たちは自然をただ見るしかない。指標となるべき、なんらかの現象を、周囲の環境に求めるしかない。自然が示してくれているものは、すべてが真実だ。

「自然は物体と現象が偶然に集まりあったものではない。自然はそれらの統一、相互関連、相互規制を特徴としている。この統一、相互関連、相互規制は自然の存在の形態であり、自然の〈生命〉であり、それはいかなる自然の作用にも現象にも現われている」[*5]

自然をどう読み、判断するかは、人と自然のつきあいの深さで決まる。樹林の年輪を読み、砂地に残る足跡から動物の姿を思い浮かべる。草茎の長さを利用して川幅を測り、卓越風がもたらすなにがしかの現象を捉えて目測する。これは実利とともに、自然に遊ぶ最大の楽しみでもある。

とはいえ、私たちにはすでにいくつかの利用すべき機器が用意されている。二万五千分の一地形図、小型のオリエンテーリング・コンパス、それにアナログ時計。[*6] 私は、またこれにつけ加えて、温度計を持っている。気温、水温、雪温、なんでも測る。渓流で釣りをし、丘を歩き、山に登る者にとって、測量は遊び心の延長線にある。決してその結果を利用して土地の開発に生かそうなどとは考えていない。だから計器は、その遊び心を増幅させてくれるものだけでいい。あとはそれを十二分に使いこなすことだ。

せっかく、測量され作成された地図があるのだから、それをすみずみまで読む。そして自然をそれこそ、すみずみまで目測する。野外を味わう一番の方法、それは測量にある、と私は思う。

＊1　『宮沢賢治詩集』「若き耕地課技手の Iris に対するレシタティヴ」谷川徹三編、岩波書店、文庫。
＊2　『アメリカ・ルネッサンス序説』ヘンリー・D・ソロー「森の生活」、酒本雅之著、研究社。
＊3　そういえば、ソローは測量の専門家でもあった。
＊4　多数決の原理にしたがう。
＊5　『自然の道しるべ』A・E・メニチュコフ著、倉島厚・小山譲訳、総合科学出版。
＊6　デジタル時計では太陽を目安としての方位測定はできない。

フィールド・パンツ

**雪のない土地にも冬はあり、散歩する楽しみがある。
その気分を昂揚させるものは…**

十二月に入ると、もう秋はどこにも姿を見せず、風景の、そして気分のすべてを冬が占領する。散歩の絶好の季節がやってきたのだ。

「ろうそくの燃え切るような輝きと色とを見せて、秋は暮れて行く。黄色い明るい陽が強く斜めに照って人の心を明るくさせようとするが、もう天の一角にはメスのような藍青の色が迫って、注射針の穂先のような風が鋭い所をのぞかせている。冬が来た。」[*1]

都会の中にいても、高台を求めては、よく西の空に目をやる。どこかに山稜の一線でも見えないものかと、つい遠目になってしまうのだ。山の、自然の姿を見ることなく日時を過ごすことは実に苦痛だ。山々に囲まれて過ごした少年時代の感覚がずっと尾を引いているせいなのだろうか。どこにも山が発見できないとわかった瞬間、不思議なことに瞼の裏の焦点の定まらない場所に、突然、なにやら山らしいものが浮かんでくる。気持を集中させると、次の瞬間、それが思い出の山の姿となってしっかりと見えてくる。私はためらうことなく、その過去の風景の中に溶けこんでいく。

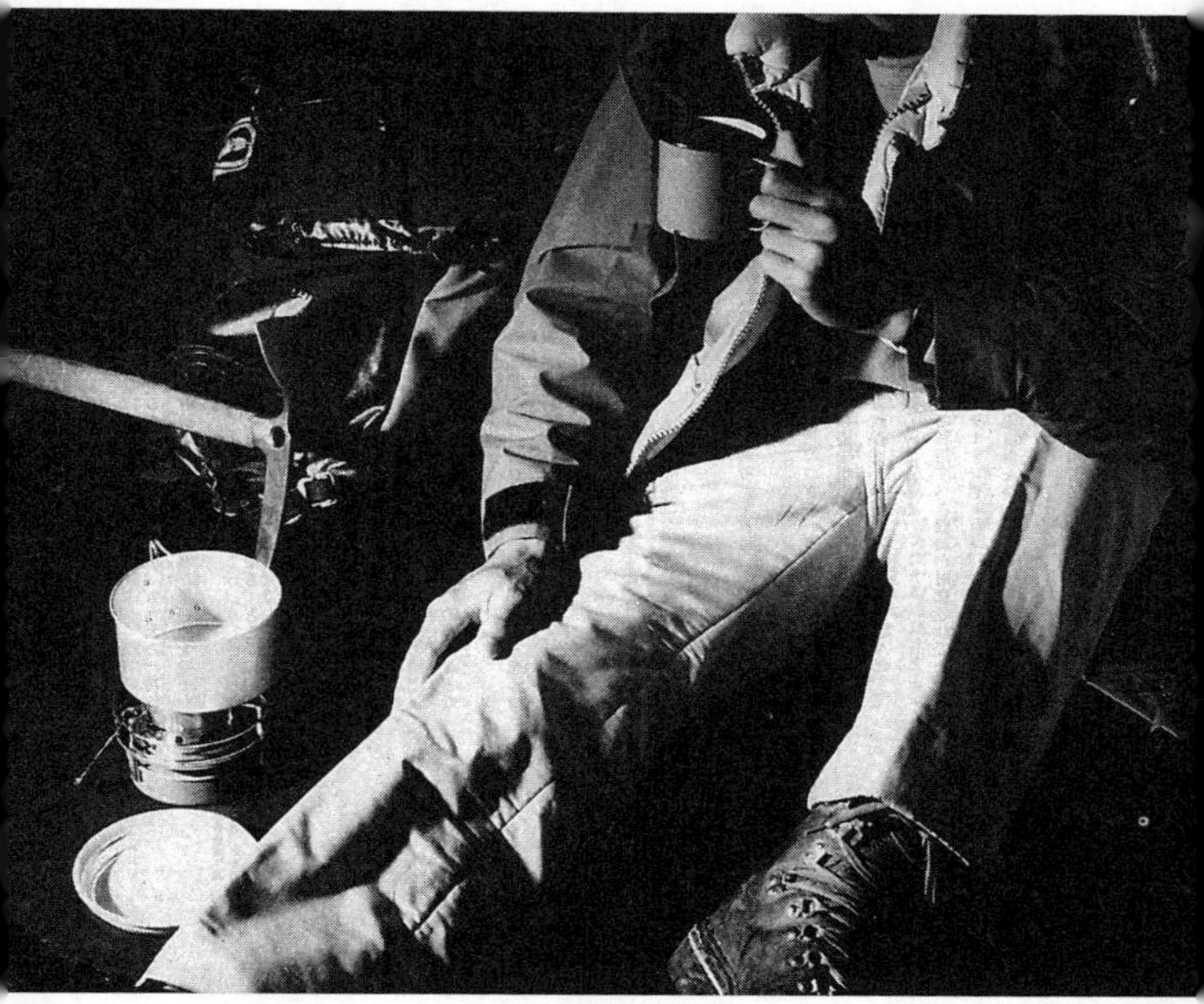

スポーツ・シャック製フィールド・パンツ。表地は透湿ウレタン・コーティングされたポリエステル・コットン、中綿はポリプロピレン／ポリエステル。

「霜の上を紫紺の淡いもやが低く漂う時、西の空にはいつ近寄ったかと思うほど高い山なみが見渡せる。朧銀の置物のような香しい時もある。またすばらしく安物のアンチにニッケルめっきしたように輝いて見える時もある。*2」現実の山が見える日もある。思い出の山しか見えない日もある。いずれにしても山を見ることなく、一日を過ごすことはめったにない。

その山、あるいは自然とのつきあいは、特別のものでなくていい。ただいつも自分の肌の上にそれが張りついている感じがあればいいのだ。待つうちにいつか好機がくる。それをとらえ、思いきり歩きまわり、野宿する。その精気のすべてを味わいつくす。それを繰り返す。

冬の山というと、誰もが寒風吹きすさぶ雪の絶頂を脳裏に思い浮かべる。無理もない。それに勝る崇高さは他には求めようもないのだから。私とて同じこと、決して嫌いな光景ではない。とはいえ、冬の自然の豊かさは、そうした厳しさの中にだけあるというものでもない。はるか身近なところにも、冬ならではの素敵な世界は横溢している。ただそれを発見するのはなかなか難しい。雪の山頂のように、誰が見ても、これこそ冬の真の姿と認められるような、そうした華やかさは、そこにはない。散歩にでかけようとする気持ちと、散歩の中で何かをみつけだそうとする気持ちとがしっくりと落ちつき、それが自然の中に溶けこんでいかないと、見れども見えず、ということになってしまいかねない。

「ぼくはホームシックにかかった人が故郷に帰るように、森のなかの一人歩きをする。この方法でぼくは余分なものを処分して、ものをありのままに、雄大で美しいままに見る。……町から一マイルか二マイルはなれ、岩や木や草や雪がまわりをとりまいている静かで孤独な自然のなかに入っていく。ぼくがたとえば森のなかの何かの空地にはいりこむと、わずかな雑草と枯葉だけが雪の表面から頭をもたげているだけで、さながら開いた窓のところへやってきたかのようだ。ぼくは外を眺め、まわりを見まわす。[*3]」

散歩の達人[*4]にしたがい、私はわずかな時間をみつけては遊歩し、その風景を脳裏に刻みつづけてきた。小さな冬の心象が薄いフィルムとなって体のどこかにしまわれていく。山を見ることができない日、そのフィルムの一枚が突然とびだしてくるというわけだ。

冬の散歩に有難いのがフィールド・パンツ。ポリエステルとコットンの混紡表地は、一見なにげない普通のパンツを思わせるのだが、実は中に、ポリプロピレン／ポリエステルの薄綿が詰められ、キルティングされている。

心地良い下着の上に、この少しばかり、もっこりとしたフィールド・パンツをはくと、体全体がほかほかしてきて、午後いっぱい、寒気の中に身を置いたとしても、少しも気分が萎えることがない。どこにでも腰を下ろし、どこにでも踏みこんでいく。思いきり冬の時間を楽しみ、心に深く残したいと、気持が昂揚してくるのがわかるのだ。

「だが遠くはなれた森や野、ノウサギの通う荒蕪地や牧草地にひとりあれば、たとえきょうのようにわびしく、たいていの人には気がめいるようで、村人なら居酒屋のことでも考えているような日でも、ぼくは自分をとりもどす。もう一度自分が雄大な絆に結ばれているのを感じ、寒さや孤独がぼくの友人たちだと感じる。[*5]」

この価値を知ることなく暮らすことはできない。たとえフィールド・パンツの裾が霜のぬかるみでよごれきろうと、そんなことは少しも苦にならない。心のよごれが、すべて消えていくのだから。

*1、2　『日本山岳名著全集』「霧の旅」松井幹雄著、あかね書房。
*3、5　『野性にこそ世界の救い』ヘンリー・D・ソロー著、酒本雅之訳、森林書房。
*4　いうまでもなく、ヘンリー・D・ソロー。

ウール・セーター

冬の日の野外散歩。体の表面だけでなく、心の奥まで暖めてくれるウールを見直す。

ウールのセーターというと、すぐ、カナダ、ブリティッシュ・コロンビア州の北部奥地、バビーン川でのスチールヘッド[*1]の釣りを思い出す。もう十年ほども昔、アスペン[*2]の黄色の葉が風に舞い、遠くの山に初冠雪が見られる季節。終日続く雨、水温は九度。辛く、わびしい毎日だった。ガイドを務めてくれたビル・バークランドという男が、その思い出話の主。彼はいつも昔ながらのロング・ジョン[*3]下着の上に、直接、青に明るい灰色のまじった霜降り、ミディアム・ウエイト、クルーネック・タイプのラグ・セーターを着込み、その上に赤のシャミー・シャツ[*4]を重ねていた。普通ならシャツの上にセーターだろうが、彼のレイヤードはその逆だったのだ。

私がはじめてフライで釣った小振りのスチールヘッド。彼は袖口を水の中につけながらリリースに手を貸してくれた。魚がふたたび元気をとりもどして帰っていったあと、袖口を絞りながら、にっこり笑って、彼は私の手を握ってくれた。そうだ。ウール・セーターを中に着ていたために、低温の水の中に長い間、腕をつけたあとも、さほど寒気を気にせずにすんだのに違いない。あれがもし逆で、内側に濡れたシャミー・シャツがあったら、きっと彼は、にっこりなんてできなかったはず。

その忘れがたいシーンを思いだすたび、ガイドの知恵に納得する。ちなみにそのとき私の着ていた防寒衣はダウン・ジャケット。これは水につけるわけにはいかなかった。

その当時、私はウール製品をなるべく身につけずに暮らそうと考えていた。言うまでもなくウールはラノリン[*5]をたっぷりもった天然の羊毛。羊が飼育されてはじめて、ウール製品は存在する。この羊たちの飼育には、広大な牧草地が必要になる。森の樹木が焼かれ、切りはらわれて牧草地に変えられていく。多くの植生が織りなしていた複雑な、そして美しさに満ちみちていた緑の原野は、のっぺらぼうの草地に変身してしまう。羊の飼育のために森は消滅してしまうのだ。

スーツ、ベスト、タイ、ソックス、手袋。考えてみれば日常生活の衣服のほとんどがウールだ。原野の消滅とひきかえの羊毛衣料を、あまりに無造作に身につけていることに、私は心苦しさを感じないではいられなかった。ウールの代わりになるものを探そう。その答えが〝ダウン[*6]〟だった。同じ飼育動物でも、ガチョウのほうが羊より自然環境に対する圧力は少なくてすむ、と私は考えたのだ。

その羽毛製品、急激な成長をとげて、今では冬の街に氾濫している感じ。ダウンは

L・L・ビーンのジップ・フロント・ラグ・セーター。ウール85%、ナイロン15%、袖口と裾はリブ・ニット。500グラム、茶と灰色のフレックス（霜降り）。

フィル、つまり詰めもの素材なので、それを覆う別の表素材を必要とする。ありとあらゆる人工素材が登場してきた。それらは言うまでもなく、石油を原料としている。多量の石油消費、それは羊による原野の消滅より、さらに大規模な環境破壊の問題をかかえているかもしれない。資源の枯渇、大気の汚染、その他の公害……

宇宙船地球号[*7]のひとりの乗組員として、私はウールとダウンプラス人工素材の貸借対照表を頭に浮かべてみる。どちらにせよ、かたより過ぎが危険なのだと思う。それを納得したうえで、今、私は羊毛の世界に帰っていきたいと考えている。それは実利的な意味での答えではない。まったく単純に心の問題、審美的な問題としてだ。ウールは心にやさしい。暖かみにあふれている。決して戦闘的ではない。それだけのことだ。

選び抜いた最少のウール製品をていねいに使い込み、次の世代に譲り渡し、さらに風格のあるものにしていく。それを心がけよう。

気に入りのセーターがある。前面すべてがジッパーになっていて、大きな衿にそれがつながっていく。風からも寒気からも首筋がよく守られ、それと同時に通風効果が高いため、激しい動きが連続する活動には向いていると思った。つまりクロスカントリー・スキーにうってつけだと考えたのだ。実際に身につけてみると、重さがたったの五百グラムしかなく、多目的に使えるセーターだということがわかった。クロロファイバーかポリプロピレンの下着の上に、薄手のウールのシャツ、そしてこのラグ・セーター。そんなレイヤードがいいかと思っている。

「暖炉で一番たくさん薪を燃やす人は、木の育つ姿にはいちばん心を暖められない人だ……箱型ストーブに薪をくべるために、森林という殿堂を荒廃させているとはいえ、ぼくたちは敬虔に切り株を燃やし、森林では礼拝しようではないか」*8

ソローの言葉にならって、森林の犠牲によってもたらされたウールのセーターを、心して着ることにしよう。

*1 川に生まれ、海で育ち、また産卵のために川に戻ってくる降海型のニジマス。普通のニジマスより大型になる。
*2 ポプラ、あるいはハコヤナギ。
*3 上下つなぎになったクラシックなスタイル。
*4 厚手木綿のシャツ。四〇ページ参照。
*5 脂肪。
*6 水鳥の柔らかな胸毛。
*7 バックミンスター・フラー博士の考え。地球は完璧な宇宙船。ただしこの宇宙船には航行便覧がない、と博士はいった。
*8 『アメリカ古典文庫』4 ヘンリー・D・ソロー「日記」、木村晴子訳、研究社出版。

トラックのライト・ツーリング用XCスキー、ワックスレス。靴もトラックのライト・ツーリング、ゴアテックス使用。ポールは古くから愛用のスキロム、竹製。

クロスカントリー・スキー

静謐で、しかも躍動的な山野横断スキー。
それを自ら選択したとき、人は…

どのようなきっかけで人は冬の山に遊び、スキーをはじめることになるのだろうか。私の場合は……

私が雪を好きになったのは、そんなに遠い昔のことではない。神社の裏道で、杉の落葉拾いをしていた少年の日、凍りついた雪は、ただ苦痛をもたらす不快な存在以外のなにものでもなかった。時が過ぎ、成人し、都会に暮らすようになって、さらに時が過ぎ、氷と雪、その苦痛の思い出が少しずつ薄らぎ、憎悪が消えるにしたがって、白い世界への小さな憧れ心がなんとなく芽ばえはじめていた。雪山を見てみようか、スキーをはじめてみようか……

一九七〇年代のはじめ、私は『緑色革命』を読んだ。著者のリチャード・A・ライク[*1]は、理性万能主義を脱脚し、真の人間性を自発的な自己表現のうちに求めようとする新しい意識を〝意識Ⅲ〟と呼び、その新しい価値観をしきりに鼓舞していた。

十九世紀に形成された〝アメリカの夢〟を意識Ⅰ、二十世紀前半に形成され、今日までひきつがれてきた組織、公益、技術、合理的施策などを人間や自然よりも優先させる、いわゆる〝リベラル〟の考えを意識IIとして提示し、意識IIIと対比してみせた。いろいろの事例をひきあいに出していた。「虚偽の意識に随伴する虚偽の文化と、適切であると考えたときは技術を利用してゆく真の文化との相違」を論じていたのだが、その中にスキーが登場する。例えばこんな具合だ。

「意識IIは、その収入全部を自分と家族のため、個人的避難の場所につぎこむ。スキー・ロッジで泊まるよりも、スキー場のそばに自分の家をもちたいと思う。……意識IIが行なっているのは、金銭をつかってシステムから私的権利をいわば〝買収〟しているのだ。社会の害悪への人間責任を負うことなく、自分だけの飛び地にいてその害悪をのがれ、その聖域から、自分にとって〝現実的な〟価値を慎重にかぎられた範囲で表明している。[*2]」適確な分析だ。

「人間はなぜスキーをするのか？　自己認識にもとづいてそうするのか、広告にあおられたのか、社会から押しつけられた他の圧力によるのだろうか？　後者の動機がもとになっているとすれば、その行動は自己を本当に満足させ、自己をさらに成長させることはできまい。それを行なう人間が、たとえ自分では楽しんでいると〝思っても〟、その行動には本質的な空虚がひそんでいるのだ。[*3]」

もちろんのこと、R・A・ライクが問題にしていたのは、そのスキーをいかにして、

「有用な行為に、真の文化の一部に転化できるだろうか」という一点だ。意識Ⅲのスキーは……。「第一の必要条件は、セールスマンの勧誘や社会的な特権意識や、体面をてらう気持などではなくて、個人がスキーをやってみようと自由に選択するそのこと」[*4]だと彼は考える。

ついで、その選択を終えた人間は「それを自分自身のものたらしめる」実践にとりかかる。「身体の調整運動もふくめ、スキー滑降のテクニック」を覚えることをはじめとして、「スキーの歴史、その起源」を考えたり、「スキーが、旅行や探検、狩猟、登山などでどんな役割をはたすか」に関心をもったり、「スキー滑降術の歴史」に興味を抱いたりする。

さらに冬山にでかけていく以上、「気象に関する知識」を身につけたくなるし、「風、気塊、前線、嵐の内部運動」についても学びたくなる。自然への興味はさらにまして、「動物たちの痕跡、あらゆる形状や様相の雪と氷、木々や植物にひそむほとんど目につかぬほどの冬独特の生態」を知りたくなり、「冬の美しさ、その色彩、陰影、香り、情緒にたいする芸術的鑑賞」の世界に入りこみたくなっていく。「こうして、現代のスキーヤーは冬の山と親密であるという特権、最も壮大で最も美しいときの山を知っているという特権を楽しむことができる」ということになる。R・A・ライクはさらに続ける。

「地理と旅行もスキーのもうひとつの側面である。スキーヤーは世界の多くの場所へでかけていく。」そして「各地の食べものから建築にいたるまで」あらゆる地理的状況に興味を示すことになる。もうひとつつけ加えよう。それは「仲間意識をつかむためのチャンス」がそこにあるという問題だ。「スキーにおける友情は、言葉による意志疎通ばかりがひどく横行している世界のなかにあって、言葉を必要としないひとつの友愛感」であり、「ほかのどんな環境にも存在しえないような、人間どうしの集団意識がうまれるかも知れない」ではないか。

これが意識Ⅲ人間のスキー、言ってみれば、私たちはいかにしてスキーを必要とするのか、という問いに対する答えである。

細身の、軽いスキー板をあやつって雪原を歩く、クロスカントリー〝断郊〟スキー。静謐で、それでいて躍動感に満ちみちているそのスキーを私は選んだ。〝自己認識にもとづいて〟スキーを選んだ私は、いつの間にか雪を好ましいものと考える人間の仲間入りをしていた。

*1　一九二八年、ニューヨーク生まれ。イエール大学で教鞭をとる。『緑色革命』は一九七〇年「ニューヨーカー」誌に掲載され、話題になった。

*2、3、4　『緑色革命』リチャード・A・ライク著、邦高忠二訳、早川書房。

サーマル・アンダーウエア

スキーで歩行するときの体熱代謝は激烈だ。肌着のチョイスに気配りを。

しばらく前のこと、アーリー・ウインターズ社[*1]のプレジデント、ビル・ニコライが私の家に立ち寄ってくれた。彼は本棚の中の一冊の本、『クロスカントリー・ダウンヒル』を素早く見つけだし、なつかしがると同時に、著者スティーブ・バーネットのテレマーク[*2]技術の素晴らしさを熱心に話してくれた。この本の前書きを書いているのがビル・ニコライであり、彼自身、猛烈なウイルダネス・スキーのファンだった。クロスカントリー・ダウンヒル。胸がわくわくしてくる言葉だ。

私が生まれる少し前、スキーは第一回目のブームを迎えていたようだ。『登山とハイキング』昭和十年十二月号を見ると、「我国山地に適するスキー技術に就いて・高橋健治」、「初めに驚きありき・尾崎喜八」、「日本式スキー行・菅沼達太郎」、「日本スキー術・黒田正夫」などという記事がならんでいる。最新のテクニックについて、それぞれの意見が開陳されているのだ。ここで言われるスキーは、山のスキー、本当のスキーのこと。皆が燃えていたに違いない。同じく雑誌『登山とキャンピング』の同年十一月号に、もうひとつ、スキーの話が載っている。筆者は西堀栄三郎[*3]。これが素敵なのだ。

「日本人の体格はスキーの長さや型に影響を及ぼすばかりではない。スキーのテクニックにも多大の差異を生ずるものである。例えば誰しも言うように日本人は腰のねばり強い人種であるから、その長所を発揮して、力強くリズミカルに操ればよい。徒らに外人のきめた規則に従ってああすればいけない、こうすればいけないと些細なことに苦しんでいるのは馬鹿げている。要は理論に適ってさえおればその人その人の仕易いように工夫すればよいのである。テレマーク廻転が我が国に適しているかいないかも考慮せずに、外国の或スキー学校の宣伝用規約を盲信してこれを排斥する等もっての他である。私は却ってテレマークこそは吾が国に最も適した廻転法の一つだと信じている。地形のせせこましく、雪が重く、廻転の初速度の得難い時には、得意の腰を用いてテレマークで易々と廻転するのが確かに得案である。然しどんな場合でもテレマークだけでやってのけようと言うのではない。場所と雪質によってはジャンプターンを使うもよし、ステップターンもクリスチャニアもステムボーゲンも使うべきである。[*4]」

今年の冬[*5]は雪が多かった。太平洋側の都市、私の住む東京でさえ、前の雪が完全に消えきらないうちに、また次が降るといったようすで、その感触を楽しむに充分な時

間があった。家の前の路地の雪掻きをすませると、さっそくクロスカントリー・スキーを持ちだし、近くの公園にでかける。小丘にならぶ梅の木の間を滑り、紅や白の花弁が青空の中で、しっかりと五角形を作るのを見る。

楽しい時間だった。思い出と夢が錯綜して、いつのまにか丘は山となり、私はひとり針葉樹の森を見下ろす斜面に立っている。幅広の、そしてエッジをつけたツーリング・タイプのスキーとビブラム・ソールの靴、それにスパッツ。これでテレマークの練習をす

ピーター・ストーム製サーマル・アンダーウエア。素材にクロロファイバー使用、肌触り、吸汗性がよく、強力な保温力を備えている。

るのだ。テレマークで易々と廻転……。言うは易く、だとわかっている。大腿四頭筋をもっと鍛えねば……

クロスカントリー・スキーが年々盛んになってきている。ただ残念なことに、それは次第にタイム・トライアル的な、競技的な、スポーツ的な色彩を強めつつある。軽量の冬の足を駆使し、雪面を滑りまくり、なかなか目にすることのできない風景、雪山に野営する喜びを味わおうとする人びとが現われてこないのは不思議なことだ。もったいないことだ。

「全体スキーと云うものをスポーツだと考えているのが大きな間違いの元だと思う。スポーツとしてのスキーは、いわばスキーの一部分に過ぎず、元来は雪国の穿物《はきもの》なのである。だが日本ではスポーツとしてのスキーが華やかに発達してしまったので、誰れもがスキーはスポーツだと思い込んでいるのだ。それで難かしい面倒な理論に合わせてスキーをやろうとする。」*6 今もまた、同じ言葉を繰り返さなければならないような気がする。

クロスカントリー・スキーを頼りにして雪面を滑ってみたい。テレマークの技術を習得してみたい。そしてツーリングにでかけたい。それが私の願いだ。

スキーをつけて歩行する際の、体中に湧きあがってくる熱の代謝の激しさは、驚きの一語。肌着一枚、それに風除けのパーカ一枚で寒さを感じることがない。しかし休止すれば汗は冷え、急激に熱を奪っていく。クロスカントリー・スキー・ツーリングでもっとも入念なチョイスを迫られるのが肌着。天然、[*7]人工を問わず、水分の吸引力に優れ、同時に保温力の衰えないものを選ばねばならない。それを手に入れて、私はスティーブ・バーネットの世界へ、西堀栄三郎の山へ、遊びにでかけたい。

＊1　合衆国シアトルのアウトドア用品メーカー、リテーラー。ユニークなアイデアに満ちた商品で有名。
＊2　ジャンプ競技選手が着地時に見せる姿勢、両足を前後させて回転していく。かかとの上がるスキーに向いているターン技術。
＊3　一九〇三年生まれ。第一次南極越冬隊隊長や日本山岳会会長を務めた山岳人。
＊4　『登山とキャンピング』「日本の山には日本のスキー術」西堀栄三郎、一九三五年、大村書店。
＊5　一九八三年から八四年にかけての冬。実に三十日近くの雪の日があった。
＊6　『登山とキャンピング』「日本スキー術」菅沼達太郎、一九三五年、大村書店。
＊7　天然素材はウールや絹。人工の素材としてはポリプロピレンが代表的。

雪艇軽巡行上着

クロスカントリー・スキーを履いてライト・ツーリング。その日着るジャケットは…

「私はスキーによって冬の旅をするようになってからは、不思議に冬と云うものがいやでなくなった。それまでは冬と云うものは、家に閉じこもっていなければならない時節で、精々、春を生み出して呉れる有難い時期位にしか思っていなかった。けれども今は冬は冬として楽しい季節であると考え、その季節になると、冬の登山が最も愉快なものと考えるようになった。[*1]」

スキーがあってこその冬の日の充足。すべてを遅くからはじめた私もまた同じ気持ちを味わっている。雪を踏んで山や丘を歩き、森のはずれで休み、渓のほとりで昼食をとり、風景を眺め、とりとめもなく考える。スキーを履いてのライト・ツーリング、軽巡行ほどおもしろいものは滅多にない。栂の大木、張りだした枝に載っていた雪の塊が、弾んで落下し、また枝に当たって砕け散り、白い微粒子となってあたりに舞う。結晶が首筋に冷たく当たり、上着の肩や胸を純白に染める。声たてて笑いたくなるほどしあわせな気分が胸の底に湧きあがってくる。

上着の雪を落とす。いや今は人工素材の時代だ。雪は素材の表面を滑って、一瞬前、

栂の枝上に起こった出来事の痕跡を何も残さず地面に落ちるのだ。どちらを選ぼう。私はやっぱり、纖維が雪を包みこむほう。羊毛糸、あるいはそれとよく似た、柔らかに呼吸する毛足の長い纖維ということになるだろうか。雪を止め、冬の日の巡行の喜びを精いっぱい盛りたててくれる上着、それを身につけ、しっかりと着こなし、自分の肌そのものとしてしまいたい。「彼の着慣れた褐色の古い上着は、

L・L・ビーンのクライミング・ジャケット。素材はポリエステル・パイルのポーラーフリース、裾と袖口はリブニット・ナイロン。

松の木を包む樹皮のように、まっすぐに長く彼の身を包み、長い間にしみこんだ陽光のためにきらきら輝いていた。[*2]」

自分の体と自分の上着が一体になっていること、他人からのお仕着せでなく、また借りものでなく、松の樹皮のようにまっすぐ、私の外側にあるものが、私の内部のものといっしょに育つ。そんな上着一枚を身につけていたい。

雪の日の巡行。その上着は限りなく軽く、薄い。これがまた気分を弾ませてくれる。

「寒さか湿気に備えて厚い衣服をもっていることは、無意味で、単に消極的な幸運にすぎず、寒さと湿気自体から活力、いや興奮をさえ引き出し、ぼくたちの共感で寒さや湿気をおおうことができる力に比べたら、無益で弱々しく防御的境遇である。[*3]」

自然の中に身を置き、その寒さと湿気をしっかり受けとめる。寒さを充分に感じきると、その寒さが心を温めるもととなり、寒さを防ぐ上着の役割を果たしてくれることになる。自然の寒気と湿気がもたらす温もりを知らずに冬を過ごすことほど、冷えびえとした気分もまた、ないだろう。

スキーの下で雪がきしむ。太陽がわずかの時間、雲にかくれて、雪の色が灰青色に変わる。急に体全部に冷気が走る。スキーを履いて山中を歩く際の温度調節はなかなか難しい。

「登山服装には重装主義と言う事が称えられている。登攀せんとする山の、その季節における最悪の場合を考えて準備を整える」[*4]と、昔、村山太郎氏が述べた言葉は今も生きているのだが、スキーの軽巡行では、時にそれの遵守が重荷に感じられることもある。とにかく内部の熱が高くなる。ひどく暑いのだ。保温効果があり、湿気を肌にとどめない下着一枚があれば、それで充分という時間も少なくないほどなのだ。まだ厳冬の一月、二月においてさえ……。風が弱く、樹林に日射しが遮られることもない斜面を歩いているとき、巡行者はたいていイソップ物語の主人公となっている。下着一枚、上着一枚を身につけ、それに風を防ぐ、薄手の外套を一枚ファニー・パック[*5]にしのばせておくと、クロスカントリー・スキーによるライト・ツーリングのレイヤード[*6]は完成してしまうようだ。

ところで、私が好ましく思う上着のひとつにポーラーフリースの製品がある。一〇〇%ポリエステルのパイルなのだが、両面に長く毛足がのびていて、まるで良質の羊毛の手触り。軽くて暖かいのはもちろんだが、一番の取柄は、雪がしみてぬれたときも、その保温力がさほど落ちないことだ。よく振って毛足の間の水分を落とすと、ぬれたものを身にまとう嫌な気分は味わわずにすむ。セミラグランの肩が腕の動きをよくしているとか、腰まわりや袖口に伸縮素材が使われているとかいった細部のこだわりは言わずもがな。仕立てが全体に洗練されていて、都会の中での防寒衣としても充分に通用する感じだ。名称はクライミング・ジャケットとなっているが、軽度の戸外休養には一年を通していつも使用できる上着といえるだろう。

雪が落ちてきた。麓の小屋へひきあげる時間だ。ジップアップの襟をたて、谷底の道を下っていくとしよう。

＊1 『登山とキャンピング』「山の随筆」田部重治、一九三五年、大村書店。

＊2 『アメリカ・ルネッサンス序説』ヘンリー・D・ソロー「コンコード川とメリマック川での一週間」、酒本雅之著、研究社。

＊3 『アメリカ古典文庫』4 ヘンリー・D・ソロー「日記」、木村晴子訳、研究社出版。

＊4 昭和九年、誠文堂発行の『登山とキャンプ地案内』の中に村山太郎氏の執筆による「登山の準備」の一文がある。

＊5 腰につけた小さな物入れ袋。

＊6 重ね着のシステム。

ウール・スパッツ

クロスカントリー・スキー、冬のハイキングで膝下をまもってくれるヨーロッパの宝物。

およそ、ヨーロッパについて私は何も知らない。その地について考えてみる時間もとても少ない。東西南北、どのヨーロッパをとってみても、その自然の様相を正確に脳裏に思い描ける自信がない。時にはユーゴスラヴィアのダルマチアやら、アイルランドのコネマラ[*1]の地を歩く自分の姿を想像してみたりはする。なんとなく、そこなら好感が持てそうだとする淡い期待があるからなのだろうが、そことて、周囲の風景はおぼろげで、ディテールはまったく定かでない。まこと、ヨーロッパ音痴という言葉を使いたくなるほど、その地に疎いことは間違いないところだ。

山岳愛好家のメッカ、アルプスにしても同じことだ。あの冷徹な、そして清浄にすぎるように思われるアルプ[*2]と氷の岩山の光景はとうてい粗雑な私の心身を休められるところではない、と思いこんでいるのだが、本当のところ、どうなのか、見当がつかない。憧れ心をもたない地を正しく把握することは難しいものだ。だから、アルプスという言葉から私が思い浮かべる情景といったら、ひどく古風でわびしげなカレンダーの中の山容ぐらいしかない。しかたないから本棚から『寺田寅彦随筆集』などひっぱりだしてきて、ページを繰ることになる。

「寒暖計を一本下げて気温を測ったりして歩きました。つるはしのような杖をさげて縄を肩にかついだ案内者が、英語でガイドはいらぬかと言うから、お前は英語を話すかときくと、いいえと言いました。すべらない用心に靴の上へ靴下をはいて、一人で氷河を渡りました。いい心持ちでした。氷河の向こう側はモーヴエ・バーという険路で、高山植物が山の間に花をつづり、ところどころに滝があります。ここから谷へおりる途中に、小さなタヴァンといったような家の前を通ったら、後ろから一人追っかけて来て、お前は日本人ではないかとききますから、そうだと答えたら私は英人でウエストンというものだが、日本には八年間もいてあらゆる高山へ登り、富士へは六回登ったことがあると話しました。その細君は宿屋の前の草原で靴下を編んでいました。そこから谷底へおりてシャモニの村まで歩きましたが、道ばたの牧場には首へ鈴をつけた牛が放し飼いにしてあって、その鈴の音が非常にメロディアスに聞こえます[*3]。」

明治四十三年十月、東京朝日新聞に寄せた紀行文の中の一節。目を閉じて情景を思い描く。やっぱりうまくはいかない感じだ。なにしろ、ウィンパー[*4]の『アルプス登攀記』とレビュファの『星と嵐』ぐらいしか知らないのだから、ヨーロッパ・アルプスについて何か思い描こうとしたところで無理な話だ。本棚をひっかきまわしたところ

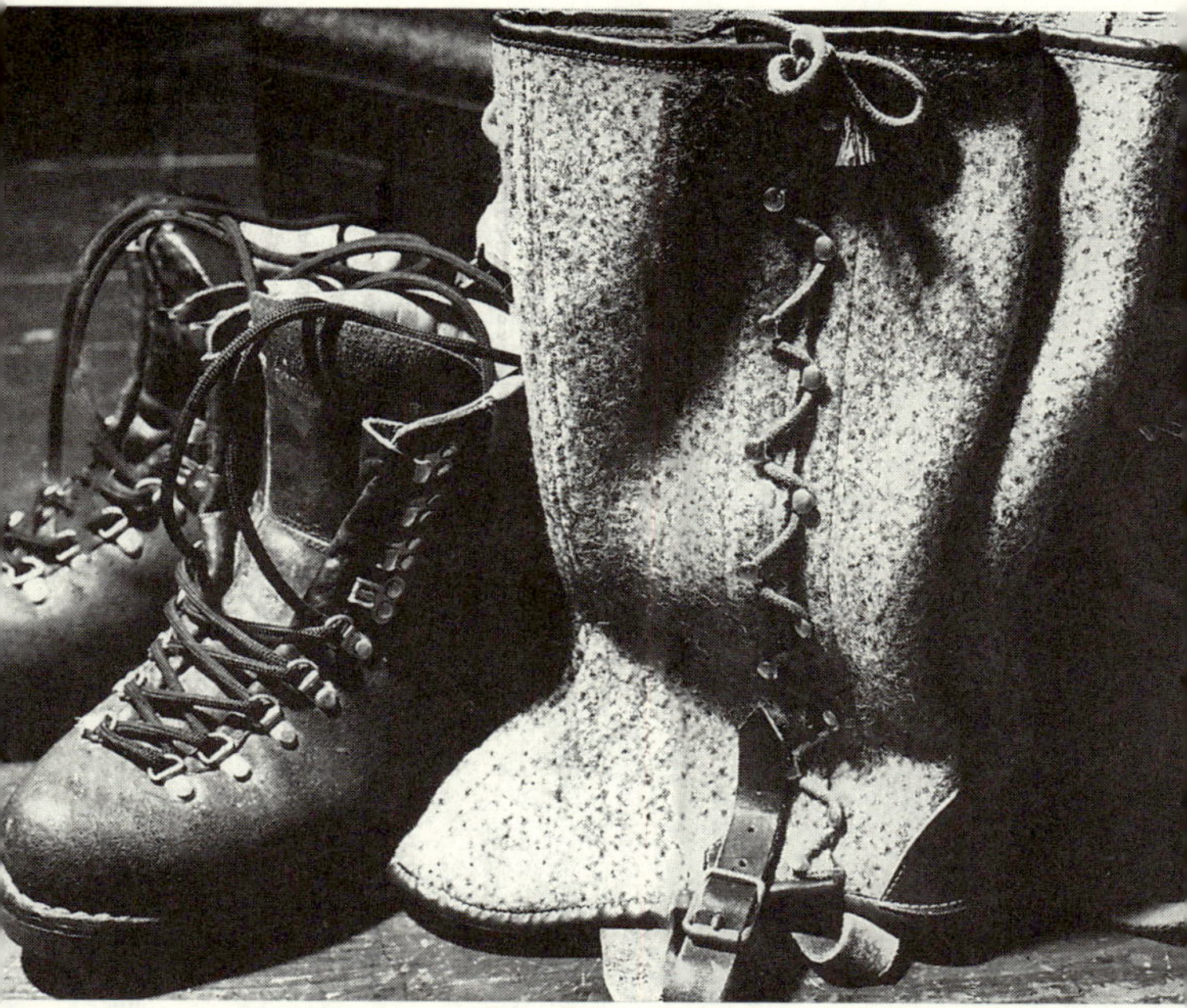

ウールと皮革、天然素材だけで作られたロング・スパッツ。見た目より軽く、締まり具合も悪くない。

で何もでてきはしない。いや待て、一冊だけある。確か私の肌にも合う感じの本が一冊だけ。ヘンリー・ヘークの『登山靴とスキー』[*5]。これだ。

「ところで現代人のもつ、《山の美しさ》に対する賛美の念はあくまで、《山に住んでいない人》が心に抱くものなのです。なぜなら山にかこまれて暮らしているものにとっては、山々が故郷なのです。もとよりその故郷の美しさというものは至極あたりまえのものとして、快よく感じられるものですが、決してその美しさが口にされることはありません。山国の人々は、都会人や平地の住民がもつ美的感激とは異った、べつの感情平面に立っています。すべての偉大なもの、奔放な線を描いて高まる山の背、無限に拡がる岩の海の眺め、中天高く聳える岩壁、白い氷河の荒涼――《よそ者》ならいたく感激せざるを得ないもののすべてが、山地の住民にとっては、その生活をかこむ額縁となり、ときには、彼らの生活を狭苦しくする境界ともなるのです。[*6]」

読みはじめると、きりがなくなる。やめておかなければ。しかし、これが私の読むヨーロッパ・アルプス唯一の本であることは間違いない。寂しくもあるが、不勉強なのだからしかたがないとあきらめるしかない。

私のまずしい登山用具のなかに、ひとつだけ気に入りの、ヨーロッパ・アルプスの産物がある。ウール・フェルトのスパッツだ。私はあのニッカーというしろものにどうしても馴染むことができない。言葉も嫌いだが、その姿、形が好きになれないのだ。もし膝下を締める必要に迫られたときはスパッツを着ける。化学繊維にはない柔らかな、おだやかな肌触り。丸紐で編みあげていく古風なスタイルだ。フエルト状に圧縮されたウールに雪が付いて、冬の日の山歩きの楽しみを増幅してくれる道具のひとつとなる。

機能を充分に満たしながら、さらにその上の審美的な要求もまた満たしてくれるもの。それが私の求める登山用具ということになる。ヨーロッパ産のスパッツがひとつ、一冊の本とともに私の宝物となっている。

＊1　ともに昔からの鱒釣りのメッカ。
＊2　高地の牧草帯。
＊3　『寺田寅彦随筆集』小宮豊隆編、岩波書店、文庫。
＊4　エドワード・ウィンパー、一八四〇年〜一九一一年。一八六五年にマッターホルン初登頂。下山途中、山岳史上に残る惨事に遭遇する。
＊5　一八七八年〜一九五一年。アルピニスト、スキーヤー、そしてエッセイスト。『登山靴とスキー』は彼の晩年に発表された山岳随筆集。
＊6　『登山靴とスキー』ヘンリー・ヘーク著、横川文雄訳、朋文堂。

あとがき

この本は、夏の川や冬の森に足を運び、鱒や鳥、それに雪や風とのつきあいを楽しんできた私の、まったくのひとり言を集めたものです。昭和五十八年、五十九年の二年間、『山と溪谷』誌に連載された二十四編に、新たに八編を加えて一冊としました。

アウトドアという言葉とともに、外国製の野外活動用具・物品が輸入紹介され、それに刺激を受けて開発された国産品も一挙に市場に登場して数年。近頃では、その狂乱ぶりもなんとなく一段落した様子。落ち着いた気分で、自分の選んだ気に入りの道具たちを見直す、そんな余裕が生まれてきた感じがします。

機能性だけに重きを置いた用具、いや置きすぎた道具というのは、樹林と溪谷、木と水の自然環境の中ではどことなく、なじみにくいものがあるような気がします。それは衣服についても同じです。機能性より天然の素材のもつ心地良さ、そして安全性といった一面こそ、この穏やかな自然環境の中でのアウトドア・ライフには、もっと考えられていいと思うのです。とかく、科学的な追求が置き忘れがちな、人の手をかけた道具がみせるあたたかみ、温もり。そのようなものを大事にしたいと考えています。ただ新しい、ただ面白いというだけの〝もの〟選びは、あとに寂しい思いを残すばかり、そんな気がしてなりません。

自主的な簡素さ《ボランタリー・シンプリシティ》、という言葉はずいぶんと古くから使われてきたようです。雑多なものを自分の周囲から排除し、本当に必要なもの、本質的なものとだけつきあっていく生活を指した言葉だと思います。私もこれを心がけたいと思っています。人の手が作りだす美しく、工夫に満ちた道具たち。まさに美意識と知恵の結晶です。本質的な〝もの〟とのつきあい。それこそ、最高の自主的な簡素さを持ちあわせている「自然」を好む人に似合っていると思うのですが……

強い愛着心をもてる〝もの〟。それだけを選びだし、使いこなしていきたい。私の「ものローグ」は、そんな気持から生まれました。

ページを飾ってくれた写真は、連載一年目の小さな道具たちがベテランの本多信男氏、二年目の衣服が新鋭の渡辺正和氏。硬軟大小、異質の素材ばかりなのに、特徴をよくとらえ、その雰囲気を充分に伝えて、格調の高い作品に仕上げて下さいました。

新しい項目に関しては本多信男氏に再度の登場をお願いいたしました。テントや野宿用具といった大道具ばかりでしたが、その撮影には、著名なアウトドア・フォトグラファー／ライターの中川祐二氏の多大な御協力をもたまわりました。言葉以上に雄弁に、道具の素晴しさを語ってくれる写真ができあがりました。

本多信男氏、渡辺正和氏、そして中川祐二氏に深くお礼を申しあげます。

一九八五年六月

芦澤一洋

発表誌

＊月刊雑誌『山と溪谷』一九八三年一月号～十二月号に「自然指向もの思考」として連載したもの。写真撮影・本多信男。

「足型寸法計測器具」「バックパッカー・ナイフ」「単純軽快、野外食事具」「キャンドル・ランタン」「小型フラッシュ・ライト」「マッチとマッチ・ボックス」「身嗜み用品」「トイレット・トラウェル」「バード・コール」「シュー・バグ・ジャケット」「楽しみのための測量計器」「ウール・スパッツ」

＊『山と溪谷』一九八四年一月号～十二月号に「私の野外服装術雑記」として連載したもの。写真撮影・渡辺正和。

「遠足愛好者の軽登山靴」「シャミー・クロス・シャツ」「クライミング用ショーツ」「レイン・ジャケット」「木綿のフィッシング・シャツ」「フィールド・パンツ」「ウール・セーター」

＊同。写真撮影・本多信男、撮影協力・中川祐二。

「ウール・シャツ」「スポーツ・キャップ」「ラバーボトム・シューズ」「サーマル・アンダーウエア」「雪艇軽巡行上着」

＊本書のために書き下ろしたもの。写真撮影・本多信男、撮影協力・中川祐二。

「ルックサック」「遊歩人の杖」「野宿寝具」「テント」「ダウン・ジャケット」「単眼鏡」「フライフィッシング・タックル」「クロスカントリー・スキー」

自然とつきあう五十章

『山と溪谷』表紙のことば

斎藤融・画
近藤辰郎（＋菅井康司、節田重節）・写真

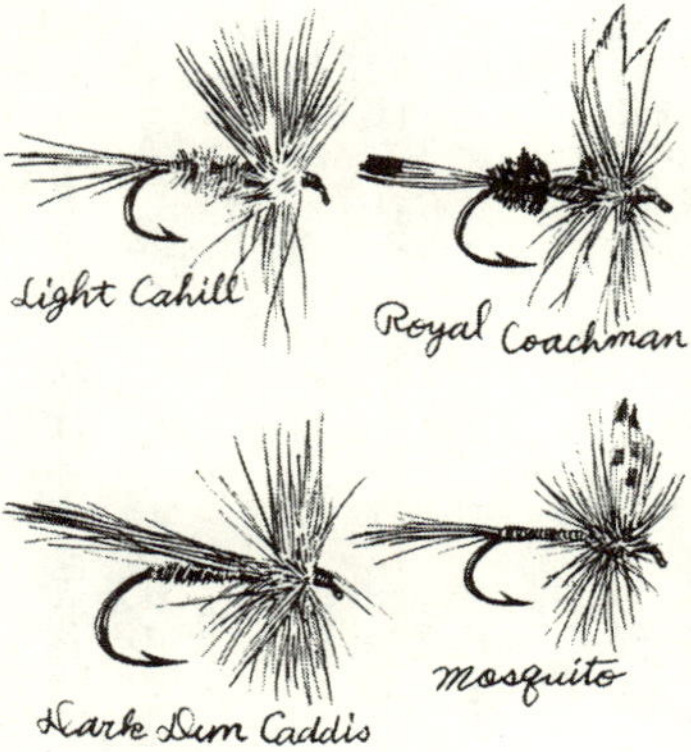

まえがき

芦澤一洋

一九七三年四月号から七七年十二月号までのほぼ五年間、私は『山と溪谷』誌の表紙構成を担当いたしました。本書はそのときの覚え書である「表紙のことば」を友人の寺崎央氏がまとめてくださったものです。

山の写真は季節感と臨場感を大事にしなければならず、同じ時期のロケーションがどうしても必要なところから、実際の撮影はそれぞれ前年の同月になっています。つまり七三年四月号の写真は七二年の四月にアイデアが出され、撮影されたものです。

「ぼくらはみんな一つの体制の中に閉じ込められてしまっているんだ——働き生産し、消費し、働き、生産し、消費するといった体制の中にね、ぼくは将来偉大なリュックサック革命が達成されたときのこの世の姿を夢見ずにはいられないな、つまり幾千、いや幾百万とない、アメリカの若者たちがリュックサックを背負って放浪している世界だよ……」

ジャック・ケルーアックの『禅ヒッピー』の中にでてくるゲーリー・スナイダーの言葉です。私もリュックサック革命を夢見たひとりでした。決して急進的《ラジカル》にではなく、着実《ステディ》に。

撮影はフォトグラファーとして近藤辰郎さん、菅井康司さん、節田重節さん、新妻喜永さん、モデルとして近藤辰郎さん、板垣克夫さん、高橋一夫さん、J・Sさん、川村晴一さんとの共同作業で進められました。この卓越したウォーキング、クライミング技量の持ち主たちの協力なくしては、当然のことながら「表紙のことば」は存在しえませんでした。篤く感謝いたします。

＊雑誌『山と溪谷』一九七三年四月号から七七年十二月号にわたって掲載された「表紙のことば」のうち、七五年四月号、七六年三月号、七月号、九月号、七七年一月号、三月号、九月号を除く五十編を収録しました。掲載月号は文末に記載しました。

プラスフォーズ

透明な四月の渓。重く垂れ込めた雪空の色を見せるタニウツギの下枝が、小瀑の飛沫を浴びてしっとりと濡れている。残雪の岩稜を下りきって、ふと、裂刻の入った落葉灌木の暖かみに気づく。水分をすみずみまでゆきわたらせ、葉脈の彫りの深さをまた見せ始めた若葉の樹林がそこにある。日陰の吹きだまりには、くされ雪の湿りに斑となった落葉が、まだ完全に土に帰っていないというのに……。

「朝、雪解の水が点々と滴り落ちているあたりを立って、昼には広い河原で最後の弁当を食い、夜は大河の畔の宿屋で寝ていたりすることがよくある。」石川欣一氏の『山に入る日』の一節にならって、最後の昼食はこの北面の斜地と決まる。

フキノトウとヒタキの声がなによりのご馳走。あの冬の張りつめたシラビソの森を、まだ身体のあちこちは忘れていないのに、雪の色も、岩の色も、森の色も変わって、山は春一色。

そんな四月の谷川岳の陽だまりの、ダイヤゴナルのプラスフォーズ。どうも私はニッカーボッカーズという言葉が好きになれない。考えてみると、アメリカでその言葉が使われだした始めのころのオランダ移民の固い表情が目に浮かんできてしまうからのようだ。それよりも、英国で使われているプラスフォーズという言葉の方が、いかにも遊び着としての色合いがくっきりとしていて好きなのだ。

プラスフォーがゴルフ用語でハンディの数字、つまり名人に奉られたものであるのか、単純に膝下四インチのトラウザーズという意味なのか、はっきり私は知らない。いずれ

谷川岳南面・谷川温泉付近

にしても、ニッカーボッカーズという生活臭の強い用語よりも、なにかカントリーの匂いを感じさせるプラスフォーズの方がぴったりくるような気がする。

そのプラスフォーズ。これは厚手ツイードのガンクラブ・チェックやダイヤゴナルのものに限る。ダイヤゴナルというのは四五度の角度をもって左下から右上に向かってあらわれた斜め縞のクラシック・パターンのことだが、白と茶の組み合わせのものなど、春先の針葉樹林の中では、本当にこれしかないという気がするほどに決まって見える。

それに合わせたアウタースウェーターは、フォレストグリーンのフィッシャーマンズ。アウタースウェーターのよさは、ハンドクラフト・タッチのケーブルニット（なわ編み）でクルーネックのプルオーバーに止めを刺す。それに防水を施したものがフィッシャーマンズと称されるスウェーターなのだが、春先には非常に有効なものである。

（73・4）

剣御前での、お茶の時間が長過ぎたのだ。熱い蜂蜜とレモン、それにビスケットで一服、というつもりが、スベア123のストーブがあまりに可愛らしく、ついつい長居になってしまった。でもいいさ、ゴーグルを通しても、こんなにきらめいている光。そう、今は五月なのだ。急ぐことはない。この光芒の輝きを身体のすみずみにまでしみ込ませてやろう。

クラストした雪に突き刺したシャルレのアイス・アックス。午後の陽を受けて、シャフトからわずかにアマニ油の匂いがこぼれて風にのる。登山用具に限らず、およそ道具というものは、人の手の暖かみを受けて初めて、その用をなす武器となる。いかなる名品であろうと、それを使う人間の心と技術が伴わなければ、何の値打ちもそれは持たない。

「シェンクをシェンクとし、ベンドをベンドとして使いこなせるものは幾人あるだろう。」高橋健治氏のこの言葉を西岡一雄氏が「彼とベンド」という短い文章の結びの言葉としていたのを思い出す。

そのアイス・アックスとピークをのぞかせる剣岳とエーデルワイス模様のプルオー

バー・スウェーター、これは似合う。キャメル・タンの落ち着いた色調とエーデルワイスの模様といった、いかにもアルピニスト好みのヨーロッパ調。帽子とストッキングも揃いになっているのがうれしい。

西岡氏の『山河おちこち』の「雑記帳―独言集」の中に「板についた装備と服飾をもつ登山者を見ると問題なく私は尊敬する。よい気持になる。そこに教養のにじみを感じる」と書かれているが、私もまったく同感である。

山、森、渓谷。およそ自然がつくり出す景観の中に、破綻というものはない。すべての色彩、すべての構成は、なにひとつ不協和というものを持っていない。しかし、そこにひとたび人間の手が加わると、その調和のとれた自然の美は一挙に壊滅する。プレファブの山小屋、樹木を立枯れにし、赤土をむき出しにさせた観光自動車道、塵芥捨て場と化したキャンプサイト、スキー場のリフト。

服装にも同じことがいえる。愛する山に入る者が、その山の調和を乱すような格好をしているとすれば、ただそれだけで山に入る資格を失っているともいえる。ナイロンや

テトロンという人工的な素材が、山での生活に必要な利点を数多く持っていることは認めるとしても、あの赤、青、黄の三原色しかないという不思議な現象は、なんとしてもうなずけない。山に入る心得の中には、自然の調和の中に自分を同化させる気持が必要なのではないだろうか。

（73・5）

北アルプス剣岳・剣御前にて

白戸川の渓歩き

渓の水はコーヒーブラウンに泡立っていた。黒々と濡れた柱状節理が木の間隠れに顔を出す。それにしても、この闊葉樹林の深さはどうだ。渓のあちこちにスノーブリッジが残っているというのに、水面から目を上げれば、そこは緑一色の世界。雨はねっとりと樹木にまとわりついて、若葉の緑にいっそうの艶を加える。人の手垢のまだついたことのないこの原生林には、あのシラビソやカラマツの森にはない不思議な密度がある。重い空気をいっぱいによどませて、静寂の上にも静寂。息の詰まる思いがする。

圧迫されたゴルジュの中での徒渉がどんなに危険か、それは充分承知なのだが、とにかくここしかない。今にも落ちてしまいそうなこのスノーブリッジの下の徒渉さえ無事終わってくれれば、あとは暖かい焚火とイワナの晩餐が待っている小屋まで、もうすぐなのだ。

「絶頂よりも渓谷、雪よりも深林という風な変化が、著しく私の山に対する嗜好の上に現われるようになって来た。峰より峰へと伝わるような、如何にも面白そうに考えられて、しかも、事実変化に乏しい山歩きよりも、渓谷を深く登りつめ、深林に分け入って、絶頂に攀づることが、最もよく山に対する嗜好を総括しているように思われる。そして、それのみが、最も印象の生々とした多様の変化を感受せしむることが出来る。」(田部重治『山と渓谷』)
渓谷を攀じることは本当に素晴しい。次に展開される光景を想像しつつ、現に目にするその景色は、常に想像したより数倍、強烈な印象を与えてくれるのだ。
六月は只見の秘渓、白戸川。梅雨の合い間の渓歩き。とうてい長続きする晴天は望め

奥只見・白戸川にて

ない。となればチノーズのヨットパーカとショーツだ。水に入る度合いの多い渓では、ウールのタイツの上にこのチノーズのショーツを着けるのがなにかと便利。ダンガリーやチノーズという綿製品は、もともと軍用として用いられてきた。山を含めてアウトドアーの労働には適した素材といえるのだろう。

サバイバル・ナイフは必ず腰に。万一のとき、手のとどかぬところにあったのでは、なんの役にも立たない。鉈と登山ナイフの機能をあわせ持ったこのサバイバル・ナイフは、山中での生活すべて、これ一丁で間に合うように設計されている。

しかし考えてみると、このブナの樹海の中を旅するには、メタルフレームのバックパックよりも木の背負子、サバイバル・ナイフよりも鉈、トレールブーツよりも地下足袋の方がしっくりとくるのかも知れない。

（73・6）

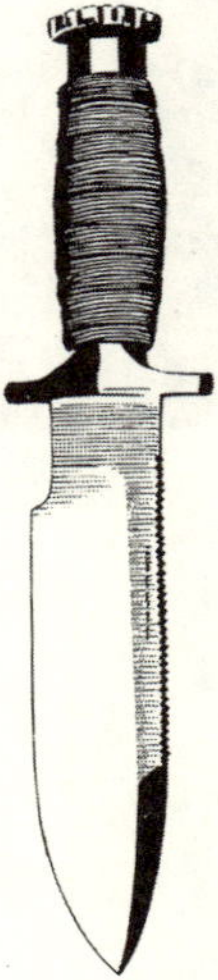

フリークライム

霧の晴れ間。眼下のトレールや小屋の赤屋根が、いつも見慣れた角度とは違っている。岩の匂い。雪が解け、クラックの中の最後の湿りが水蒸気となったその匂いだろうか。それとも浮き上がり、白く乾いたブッシュの根もとが発するそれだろうか。顔を寄せれば、必ず出会う夏の岩の鋭い匂い。山から雪と氷が消え、大切な宝物をなくしてしまったような寂しさを味わう季節も終わって、七月。夏の山には岩しかない。

山旅の中の一日、手ごろな岩を見つけてのフリークライミング。森林限界の上、とこまでも続くトレールをただ忠実にたどる山旅にもの足りなさを感じたとき、岩肌をただ見るだけのものから挑戦する相手と感じ始めたとき、そのときから山に対する新しい認識が始まる。

夏だけしか山に登らない、雪や氷の世界を、そして岩の肌あいを知らない――これは歩くだけの山旅としても完全な形ではないだろう。山のすべてを知ること。この中には冬の雪も、また夏の岩も含まなければならない。渓流を歩いて渓魚や昆虫の生活を知ら

中央アルプス木曽駒ガ岳・千畳敷カールの岩場にて

ず、森林を歩いて樹木や草花の生命を見ず、山野を跋渉《ばつしょう》して焚火や野宿を知らず、という、自然そのものの中に身をおきながら実はその自然の本質に触れることの少ない態度は、自然を愛する、と口にしながら実は自然を破壊する加害者になっているという無残な結果を招くといっても過言ではないだろう。

フリークライムに始まり、フリークライムに終わる――自然に密着し、その手ごたえを確かに伝えてくれる岩登りはアーティフィシャルよりもフリーにあるといえる。日ごろ訓練しているグレードを一クラス落として遊ぶフリークライムの楽しさ。それをトレールの中に加えることだけで、新鮮な感動を身体中にみなぎらせることができる。その感動を年老いても保ち続けてこそ、真に山歩きの意義もあろうというものである。

「……更に更に面白い問題が眼前に横わるので、岩壁に蜱の如くへばりつくのは、先ず先ず隠居仕事に残して置こう。」（武田久吉『登山と植物』）年老いてフリークライムを楽しむことの少ない日本人の中にも、かつてこのように考えた人がいるのだ。（73・7）

山旅とは

〝金字塔と呼ばれるにふさわしい山〟常念岳を越え、午後の陽ざしが長い影をつくり始めたころ、蝶ガ岳のピークも越えた。このまま徳沢へ下りるのは、なにかもの足りない。そう、星空を仰ぎながら大滝山から徳本峠へ出よう。そして明日は、小さなイワナの影を数えながら島々の谷を下ろう。肌についた汗の塩が岩肌の感触に似て感じられる八月。

「例えば彼の常念山脈、所謂《いわゆる》アルプス銀座通りなぞは代表的なハイキングコースで、あの道はクリンケルの登山靴がやけに重く感じられ、アイスピッケルは恥かしくて持って歩けず、大型ルックザックなぞ背負って汗を流すのは馬鹿らしく思われる。」「手ブラで片手を一寸《ちよつと》上衣のポケットへ入れ、片手でパイプを握る。ルックザックならレインコート一ツに水筒と弁当だけで充分、杖は新しいアッシュと云うところだ。」（菅沼達太郎「日本アルプスハイキング」『登山とハイキング』一九三五年創刊号より）

トレールのはっきりしている夏の山旅は、ハイキングという言葉がふさわしい。いつの間にかこの言葉は片寄ったイメージで統一され、運動靴で田舎道を歩くような感じを与えられている。登山、マウンテニアリング、アルピニズム、これらの言葉で語られる山とは、ふもとの草原から針葉樹林を従えた岩の塊が突然そびえたち、そこに氷河がき

らめいているような山であるし、登山という言葉は、その雪と氷と岩に闘いを挑むという感じに使われるべきではないだろうか。踏み跡のしっかりついた山中を旅するのは、それが何千メートルの高山であろうと、ハイキング、バックパッキング、ヒルウォーキングという言葉の方が似つかわしく思われる。「……私の行く山は、奔流に添う影の多い小径と、長い雪渓とを持っている。また、長く、ゆるく起伏した尾根と、その所々にある草地。私のはマウンテンクライミングでなくて、ヒルウォーキングだ。」（石川欣一「私の山」）スケジュールに追われ、視界のまったくきかない雨の中を、重荷背負ってひたすら歩いたからといって、それで山を語ることはできない。

ダンガリーのワークシャツにショーツ。洗いざらしのダンガリーの感触は、それだけで疲れを忘れさせてくれるほどに軽快である。暑苦しいニッカーを脱ぎ捨て、ショーツで歩ける季節は短い。スポーツマン・ブランケットで作ったシェルターの中にスリーピング・バッグを広げ、夕焼け雲を見ながらストーブに火をつける。小屋の暑苦しさ、着るものの暑苦しさ、それから開放されてこそ夏山の楽しさは倍加する。

（73・8）

北アルプス・蝶ガ岳にて

マスと遊ぶ

岩を攀《よ》じ、稜線の風を満喫した夏は終わってしまった。水面のところどころに紅がにじんで、渓流は早くも秋の匂い。いつのときも、山を下り始めてなお未練がましく一日、二日とスケジュールを延ばしてしまうのは、透明な渓流と、その流れに身を横たえるあの魚たちが、そこにいるからに違いない。

バックパックの中身をすべてぶちまけて、残り少ない食べものをすべて並べて……。やっぱりもう一日、この流れのほとりにテントを張ることにしよう。雲と樹と水を飽かずながめ、魚を釣っては放し、釣っては放し、ただそれを繰り返して過ごす一日が、私にとってかけがえのない貴重な時間なのだから。

「釣りのよさは、そのソフィスティケートされたところにある。ソフィスティケートされた釣りとは、魚をとることが目的であるというよりも、むしろ魚と遊ぶことを、その目的とするものでなければならない。」（今西錦司『自然と山と』）

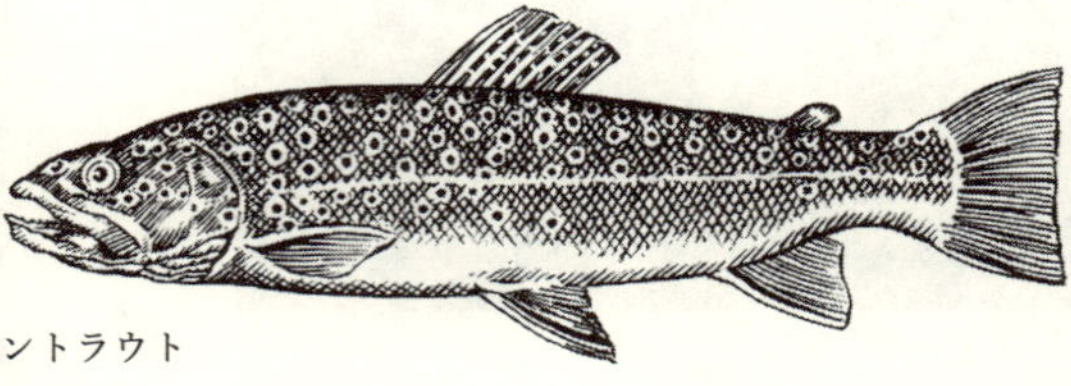

ブラウントラウト

日本の山には数多くの渓流があり、そこにはイワナ、ヤマメという天然の宝石がすんでいる。そして今、源流域まで延びつつある林道と、それに伴う環境破壊は、この渓流の宝石たちのすみかを奪い、入れ替わり立ち替わり姿を見せる釣り人によって、絶滅の危機に瀕しているといえる。イワナ、ヤマメの姿が見えなくなった渓流と山に、なんの魅力があるだろうか。人間の影を知らないイワナを釣ることは赤児の腕をねじるよりも易しい。この優しく、闘うことを知らない無垢の宝石たちは、釣りの対象魚とするのにはあまりに頼りなく、美し過ぎる。淵尻の石の間に背びれを見せて静かに横たわった彼らの存在そのものが、人間にとって価値あることなのではないだろうか。

「ソフィスティケートされた釣り」を楽しむための魚は、やはりマス属にかぎる。レインボートラウト、ブラウントラウト。闘うことを知っているこのマスたちこそ、本当の釣り人の相手になりうるゲームフィッシュといえる。このマスたちの価値を知る人こそ、真に日本の山と渓流の価値を知る人といってもよいだろう。

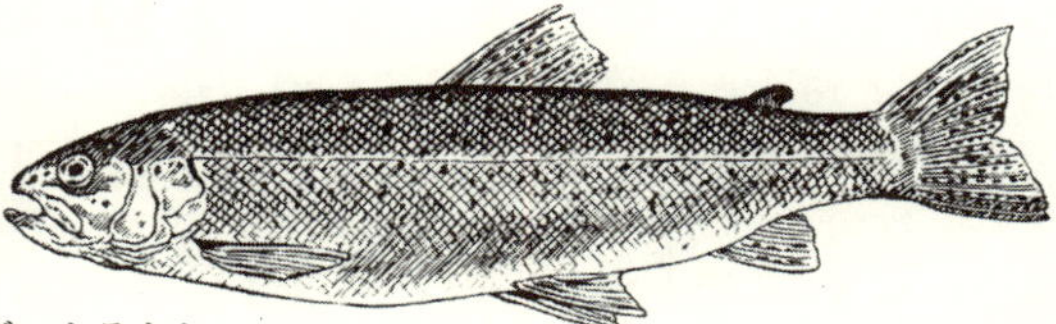

レインボートラウト

夕暮れの冷気の中で、私は北海道と日光を考える。そこがわずかにゲームフィッシングを楽しむことのできる「残された土地」だから。

（73・9）

奥日光にて

夜叉神峠の道草

春と夏の湿潤な風土から乾いて澄んだ秋のそれへと変化して、南アルプスはようやく「北」というイメージをもちはじめる。海はあくまでも「南」、山はあくまでも「北」のもの。松と岩と雪。その北のイメージは乾いていなければならない。南アルプスの連山が本当に山——北のもの——という感慨を起こさせてくれるのは、カラマツが金色に輝く秋と白い冬。

甲斐駒から鳳凰三山を越えて、たどり着いた夜叉神峠。新雪を見たくて、ひとりで歩きたくて……。

そんな十月の山旅にはこのルートはぴったりだった。そして峠で道草。

「山から帰りのルックザックは、往路のときよりは重くなければならぬ。そのなかに充たされた悦びの重さのために。」カラマツの林の中の枯草の上に腰をおろして、間ノ岳の頂についた新雪をながめるとき。

「山よ、わたくしにひとつの椅子をくれないか。わたくしはいま、ここであなたと対席して煙草でもふかしながら、なにかあなたと話し交してみたいとおもうのだが。山よ、わたくしにどうかひとつの座る場所をゆるしてくれよ。はるばるあなたと話し交すために、ここまで苦しんでやって来たこのわたくしのために。」（大島亮吉『山――研究と随想』）

澄んで乾いた空気の中で、大島亮吉の言葉が次から次へと浮かんでくる。頭上を過ぎる白雲のように。峠を下りれば、そこはまた人間の世界。あの大事な言葉のひとつひとつが、ちぎれて消えていってしまう世界。せめて枯草のこの金色の波の中、刻々と変化するこの肌色を脳裏に刻み込みつつ、あの言葉のひとつひとつを思い起こそう。それこそ今度の旅の目的だったのだから。

「わたしのような貧乏な登山者はこれと言って家への土産を買うこともない。ただあの鋭い都会人に、やわらかい山中の風でも持って帰ろうよ。さあ、樹々よ、おまえたちの袖の蔭から、おまえたちの持ち合わせの霧や青風をわたしの魂の袋にそそいでくれないか。」（同前）

南アルプスの秋。枯れた樹林と白い雲の色。それはウッズマン・カラー。ブラウンとベージュ。カーフスキンのブッシュ・ハット。クラウンを自由に変型でき、ブリムがあ

る程度広いこのブッシュ・ハットは日本の山に最適。シャツはスエードのような仕上げのコットンポプリン材フィールドシャツ。もともと釣りや狩猟用のものなのでアクセサリーがいろいろついているのだが、もっともよいことは、袖がラグランで自由がきくことと、ウインドプルーフ、つまり風を通さないようにできていることである。ニッカーは厚手メルトン地。

（73・10）

南アルプス・夜叉神峠にて

初冬の涸沢の朝

もう何日、このすりばちの底で朝を迎えたのだろうか。ナナカマドがまだ秋を主張していた涸沢圏谷に足を踏み入れてから二週間、すりばちの周りの岩についた新雪に足跡を印し続けたこの時間も、もう残り少なくなった。夏の喧噪がまるで別の世界の出来事のように思えてくる圏谷の初冬。ふもとは小春日和、インディアン・サマー——十一月。

冷たく張りつめてはいても、厳冬のそれとは違い、どこか暖かみのこもる大気、日陰の岩肌がいっそう青く感じられる晴天の朝。陰惨なかげりを帯び始め、やがてただ灰色の重さだけが垂れ込める午後の雨。夕暮れのミゾレ、そして雪。それを繰り返して北アルプスは、どこよりも早く冬に衣更えする。西穂から北穂まで、凍りついた岩稜をトレースするのは年が明けてから。今はただ都会では知ることのできない季節の移り変わり、その明瞭な時間の刻み目を、自然の力強さを、身体のすみずみにまでしみわたらせたい。自然に対する畏敬の思いを再び実感として確認するために、晴れ間を見つけてはすりばちの縁へと浮き石を踏みしめるだけ。これがやがて来る厳しい冬の山へのトレーニング、心の準備。

「若し穂高や霞沢が面のあたりに見るような姿でなく、かの欧洲アルプスに見られるように、氷河の為め削り取られたようで其中腹《そのちゅうふく》に於いてかくの如き樹木がなかったら、其《その》麓の流れが梓川のような清流でなく、白く濁っていたら、そして上高地の渓谷はかの欧洲登山口のように、荒涼たる渓谷の中の煉瓦の建物に充ちた場所のようであるならば、何たる空疎、何たる無趣味な土地であろう。」（田部重治『山と渓谷』）

上高地、北アルプス、穂高連峰、この地の夏の景観を知る人は多い。しかし、山が、

北アルプス穂高岳・涸沢小屋付近にて

自然が、本当の姿を見せたように感じられるのは、自分がひとりその中に置かれたときであろう。早春の、新緑の、紅葉の、初冬のそれを、たとえ頂を踏まないまでも、山を考え、自然を考え、それらを大切に思う心を考えるであろう。上高地、北アルプス、穂高連峰、この地を汚してはならない。

ミラーグラスに屏風ノ頭が映って涸沢の朝。ミディアムウエイト一〇〇％のヴァージンウール、クルーネックのバルキーニットとカーディガンのアンサンブル・スウェーター。キャメルツイードのヘザーミクスチュア。それにハウンドツースのキャスケット。これはやはり八つはぎのものがトラディショナルな感じが出てよい。

（73・11）

中央本線鈍行列車

新宿松本間、今年一年、幾度この中央本線の切符を手にしたことだろうか。沿線の風景はもう見飽きてしまったはずなのに、車窓に顔を寄せると、いつも決まって新しい発見をする。往路と復路で色彩が変化していることもある。読もうと決意して持ってくる本は、そのたびごとに膝の上に乗せたまま。都会では明瞭でない季節の変化が、沿線の風景の中では豊かな表情をもって息づいている。

鈍行列車——各駅に停まる列車。一刻も早く目的地につくことだけを考えて走っている急行列車の過密なダイヤを縫って、日に何本か、時の流れに逆行するような列車が動いている。眉を寄せ、笑いを忘れた顔が次から次へとわいてくるような雑踏の都会、街は今クリスマスの音楽が、乾いて埃っぽい風に乗って十二月。

夕焼けに染まっていく鹿島槍の双耳峰を見たい。深い藍に染まっていく大町の静かなたたずまいを見たい。山岳博物館の二階、無人の陳列棚の中でひっそり静まり返っている鳥たちに、額縁の中、西日に色あせた高山植物たちに、山の人間が残した道具たちに会いたい。都会はどこよりも寒い土地。今年最後の旅は、昭和十年製造のプレートをつけた鈍行列車の、油のしみこんだ窓からの山のシルエットを数えつつ、暖かさを身体の中に蓄えるそれにしたい。
「一体東京あたりの人は、松本迄行ってアルプスの方へ行かずに、ただ山麓をブラつくだけでは経済的に非常な損をするように思い、何が何んでも高い処へ登らねばと気勢を上げたがる。大自然の美さの半面だけを見て、全体を論じたがるのがアルピニストの悪いくせさ。自然景観が織り出すホームスパンの味を知らねば駄目だ。黒サージの一点張りは野暮の骨頂と云うもの。安曇野や桔梗ヶ原の小径を歩いて、雪の山を仰ぎ給え。無暗《むやみ》に高い処へ登る位いなら富山行飛行機からアルプスを見下す方が利巧だ。」（菅沼達太郎「日本アルプスハイキング」。『登山とハイキング』一九三五年創刊号より）
中央本線四二一列車。師走の一日、ゆったりとした気分にひたりながら安曇野の落葉の上の薄雪を踏みしめるだけの気楽な旅。古い列車に乗り、昔の山の本を楽しむ。服装もまったくのオールドタイミー。ブリムの広いボルサリーノ、オフホワイトのカントリーシャツの上にラムウールのVネックス

ウェーター、カーフのジャケットとコーデュロイのスラックス、リブニットのタイをつけてアッシュの杖を持つ。木製のブラインドを透して当たる冬の陽光の、なんと暖かいことか。

（73・12）

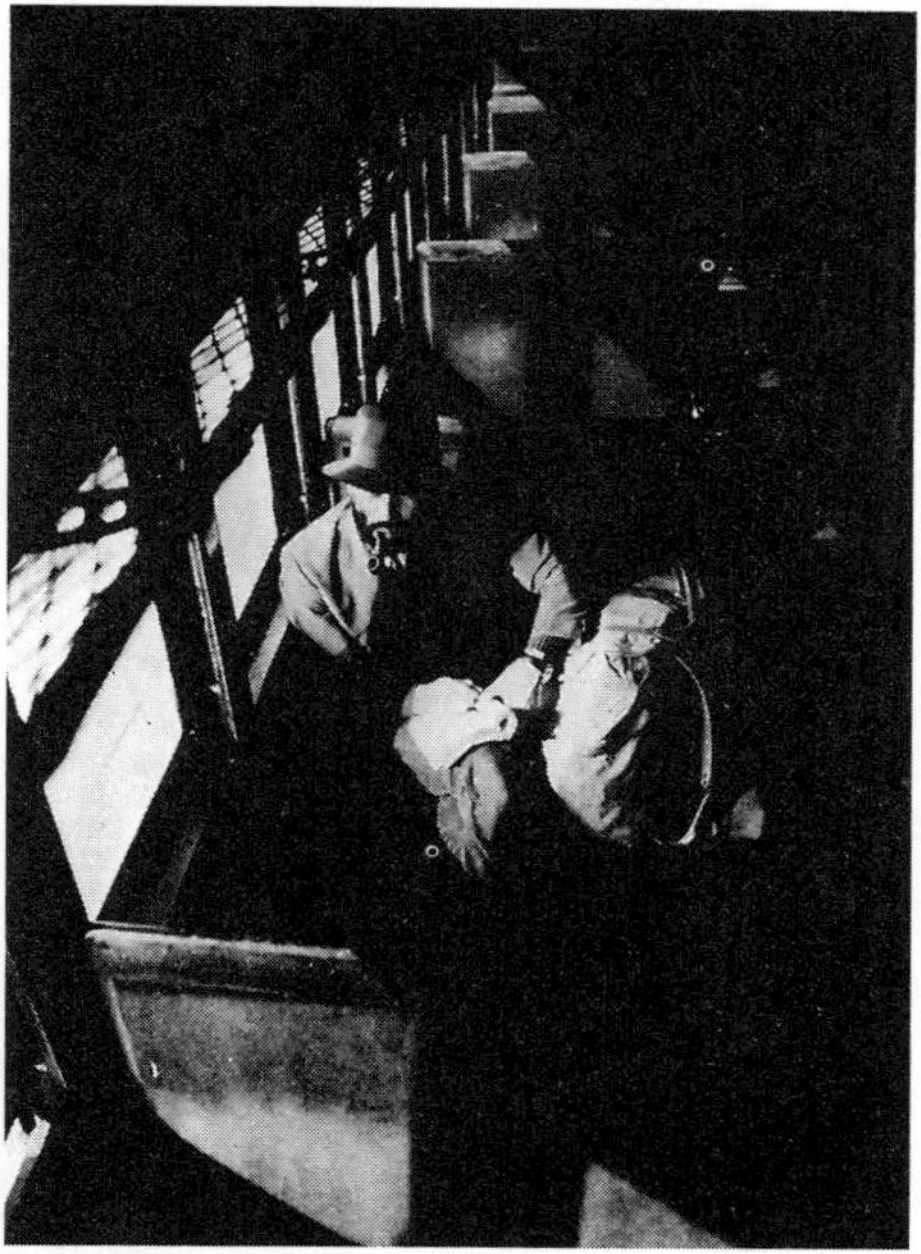

中央本線列車内にて

頂の冬の花

念願のサミットに今たどり着く一瞬、花崗岩に咲いたエビノシッポに手を伸ばそうとして、とまどいを覚えた。それはホールドとして不確かだったからというより、自然の作り出した必然の造型を無作法なミトンの感触で汚したくなかったからだといえる。

カールの底につけられたトレースをたどりながら感じた自分の足の下の生命、雪の重みを耐え続けているちっぽけな高山植物の生命、それに不当な重圧をかけながらなお、その生命を不滅のものにしようと護衛の役についている無垢の雪に、ひえびえとした鋼鉄の爪を打ち込んで無残な傷を残すことの不作法さ。その思いがまだ頭の中のどこかを占領していたからに違いない。せめて絶頂の、広大で残酷な空が造り出した冬の花だけは壊したくなかった。足もとのカールがその姿を取り戻したように思えて、中央アルプス宝剣岳山頂、一月。

「このいま、われ等の岩と雪とに闘い勝ちて、その輝ける高き頂のけがれなき雪を踏みて立つ時、何故に君はかの戦いに勝ちし凱旋将軍のごとく傲然として、誇らしげに、君の胸を張り、高く頭を挙げないのか？　何故に君の心臓の鼓動は、勝利者として頂上に立つの悦びのために、打ち顫《ふる》い、高鳴らないのか？――」（モルゲンターレル「頂に立つの幸福）もうこれ以上登るための一歩をも踏み出す必要のないサミット、そこにたどり着いた一瞬の空疎な感覚、張り詰めていた心の高揚がみるみるなえていく不思議さ。そこにたどり

「――いつも高みをきわめては、ついに最後の没入を果たす（ふたたび確実に出発するために）」（ウォルト・ホイットマン、酒本雅之訳）

頂を繰り返し見上げながら、自らの肉体を、というよりも精神を励まし続けていた、わずかばかり前の時間。そのままで歩みを停めてしまえばよかった。

「山に登る者が、頂上に立ちし時いつも希《ねが》うまことの幸福は、常にそのように、自らの力を誇称せんとする悦びにあるのであろうか？　否。否、否。」山頂に足跡を印して改めて知る、飼い慣らされていない自然の原初さ、奔放さ、人間の感情を否定してしまう倣慢さ。「彼等のうちの最も力ある者こそ、却って静かなる幸福をのみ自ら希う者なのである！」（モルゲンターレ「幸福」）

中央アルプス・宝剣岳にて

ル「頂に立つの幸福」）

おそらく感情の伊那の谷と、それをたしなめているような南アの厚い屏風、山頂の幸福の時は短い。（74・1）

雪の衣に覆われて

暗く、無人の行者小屋の中でクランポン・ベルトを締め直してから、もう一時間は過ぎている。中岳と阿弥陀岳とのコルへと真直ぐ続いているはずのこの沢底も、次第に視界が悪くなってきた。昨日、大同心の安山岩は赤く焼け、純白の満月が濃藍の中空に冴え渡っていたというのに……。サーモスの中の熱い紅茶が急に欲しくなり、吹きだまりの中に腰を下ろす。目の前のダケカンバの樹肌に目を凝らすと、そのカバ色の幹は、わずかな静止の後、静かに上空へと舞い上がっていく。いつまでも白の空間の中を、それは繰り返し、昇り降りする。音のない世界。すべてを凍りつかせて八ガ岳、厳冬の二月。

「雪は魔法の衣とでも言おうか、いったん雪を被《かぶ》ると、何でもない様な山でさえひどく崇厳化し神秘化する。雪のない山は散文的だが、真っ白に雪に覆われると、山全体に一律の韻が徹《とお》ったかのように、例えばどんな谷の隅を叩いても山全体に響きそうな気さえする。黒い木立と白

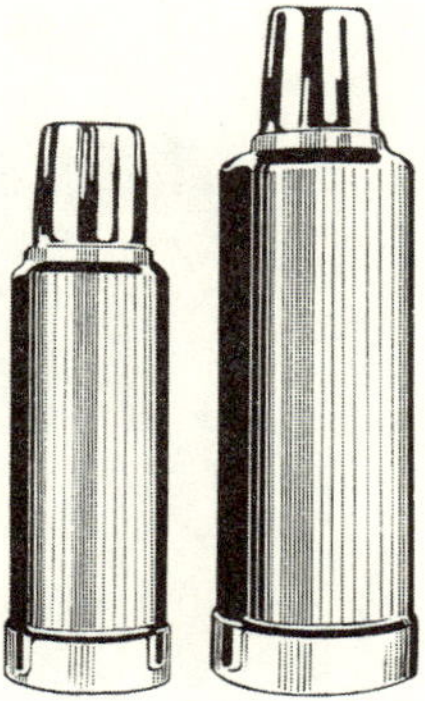

い雪。ただその二色が言葉を絶した景色を作りあげるのだ。」（深田久弥『わが山山』）
　言葉を絶した景色。それはまさしく雪の山に登る者だけが味わうことのできる世界。
そしてまた、景色を描写したいかなる名文よりも、いかに優れた絵画や写真よりも、自らの経験する雪の一日に深い感動と確かな手ごたえを味わうことのできる世界。とどま

八ガ岳にて

ることのない時間と空間の、たったひとつの点の中で自身が経験する自然の驚異。それは文章にも映像にも定着できず、ただ記憶の中で強く増幅されながら、次第に深く、自身の成長を促してゆく毛細の把握。

雪の自然に抱え込まれて初めて知る解放の心は、都会で知るいかなる経験、書物から学ぶいかなる知識よりも、その量と質の豊かさにおいて優れているように思える。雪の稜線に立った者、雪の森に暮らした者、そして雪が教えてくれる自然の力の真の姿を正しく理解し得た者こそ、自然と融和しつつ生きる人間本来の「生活」を認識する術を発見することができるであろう。〈豊かな物質社会〉、それはやはり幻影にすぎなかった。「現状を打破する道はただひとつ……経済をきりつめ、生活はきびしく、スパルタ人よりもさらに単純に生きて、志をこそ高くもつことだ。」（ソーロー『森の生活』）単純な雪の世界は単にその自然の美しさを見せてくれるだけのものではない。本当の人間の生活をもはっきり教えてくれているのだ。雪の中に融け込んでしまったとき、人は初めてカモシカと同じ価値をもつ生きものに昇格する。

（74・2）

尾瀬沼のスキー旅

この光いっぱいの雪原の下が氷で、またその下に深い水の層があるのだと本当に信じられるだろうか。人の踏み跡の一つもないこの沼の上を歩いていることが、この音のない、黒木の森に囲まれた夢の世界にスキーを滑らせていることが、もし自分の本当の生活だとしたら、そのときこそ納得しよう。シートンの生活信条、「生きる喜びを求めよ」が今ここにはあるのだと。オオシラビソ、トウヒ、コメツガ、クロベ、この黒い針葉の樹々がぬくもりを持ち始めて、三月、陽光の尾瀬沼。

「……スキーは私に取っては生活の一転回点であったと云えるほどに事物の新しい方面を見せて呉れたと云うことが出来る。登山生活を始めてこの方、スキーをやるに至るまで、晩秋から翌年の三月に至るまで、私が自然に対し、従ってまた、人生に対して抱いた見方の寂しさは云い知れ

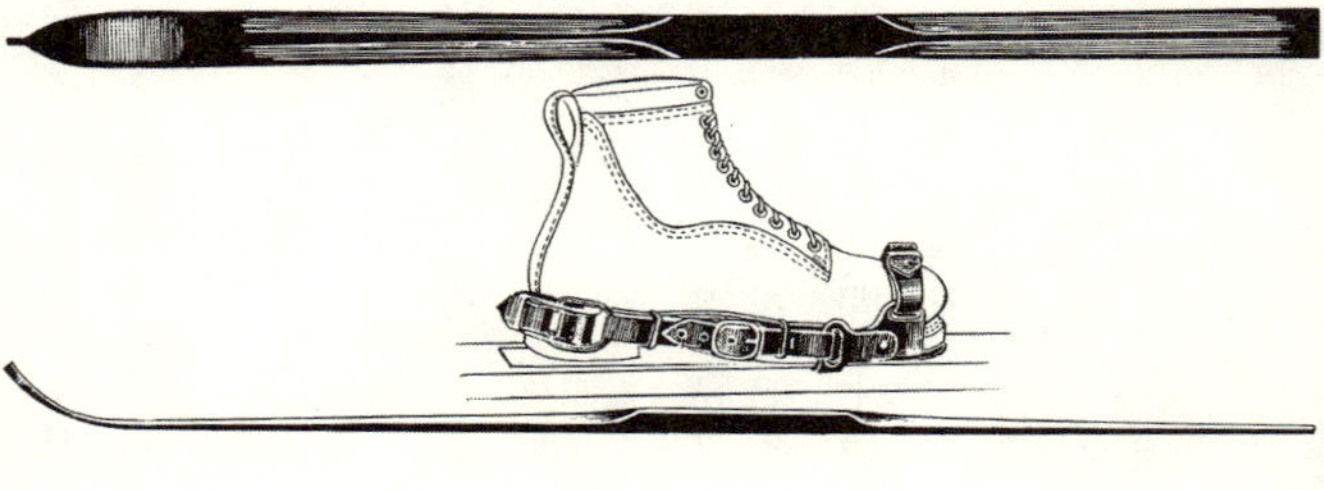

ぬものであった。」

「従って一年を考うる時には、冬という物を其《そ》から除外したいのが私の感情の習性となっていた。斯《かく》の如き習性から私を救い、冬になっても自然に対する感情を積極的ならしめ、従って人生に対する考察を多少なりとも明るくするに力あったのはスキーであると私はいつも思っている。」（田部重治『スキーの山旅』）

春の山をただひたすら自身のものとするために、この無人の雪原を汚すことなく、自身が自然の中に融和していることを得心するためにこそ、スキーは生きた道具。冬の山を知って、冬の自然を知ってこそ、人は自然を、山を大事に思う心が芽生えていくのではないだろうか。夏のハイキングとゲレンデのリフト・スキーだけでは自然は本当の姿を見せてはくれない。

（74・3）

氷結した尾瀬沼にて

森林を知る

「日本の山はマウンテン＋フォレストであって、森林がつき物である。従って登山と森林についても密接離すべからざる関係がある。登山者が森林に入って、唯《ただ》白樺の皮を剝ぐ事ばかりに気をとられないで、も少し活眼を見開いて、植物の神秘を、尚《なお》進んでは大自然の神秘に接触して貰い度《た》い。そうなれば登山の面白味も沸き起って来るし、登山の意義も自ら生じて来るのである。」（武田久吉『登山と植物』）森を持つ山岳の面白さ。それはただサミットを征服したいという欲望よりも、いっそう強くその中で生活してみたい欲望を起こさせる不思議な魅力を持っている。

しかし現在、低山といわれる樹林の山々は、かつてほどには慕わしく感じられなくなったような気がする。道路の整備、人家の進出。それと同時に、森林の伐採と、あまりに人工的な植林にその原因があるようだ。渓流、それは雨が降り続いても濁りを見せないもの。山稜の岩石、渓谷の水と動物を含めて、森林はおそらく、人間の営利的欲望の最初の犠牲者であるに違いない。人間だけのものではないはずの自然の大地が価をつけられ、売買されるのと同様に、森林が人間生活の営利目的に利用されることの寂しさは、なんとも例え難い。

確かにギフォード・ピンショットの森林保護は乱伐による崩壊を食い止める素晴しい力であった。しかし、人間が人間らしく生きようとして、大地を、森林を自己のものにしようと考える限り、人間が植生連続の著しい加害者であることには変わりない。森林に思いをはせることのない山岳愛好者などというものは、本来存在するはずはない。植物生理、解剖、生態、地理、動物、林学、土壌。数え挙げればきりがないほど魅惑的な研究課題がそこにはある。

もちろん、すべての登山者が森林の専門家になる必要はない。ただ夜行列車の中で歌を歌う暇があるなら、樹木フィールド・ブックを開いて明日登る山の樹々に思いを巡らせて欲しい気がする。森林を知り、それと自分とのかかわりを考えること。それは自然からの恵みを受けて生活する人間の最低限の義務である。ましてや登山という、無意識のうちにも植生に被害を及ぼす行為を行なうものにとっては、なおのことではないだろうか。

（74・4）

山は信仰と哲学の地

おそらく山は今も昔も信仰とかかわりを持っている。スポーツ登山という言葉で表現される現在の登山の動向の裏側に、機械文化の非自然性を自らの中から追い落とそうとして、山の中へ、自然の中へと歩を運ぶ人々のいる限り。ロスト・シエラの山中にも、ロッキー・マウンテンにも。それは逃避ではない。新しい人間像を自然との融合の中に求めようと願う人々にとって今、自然の風景も山の偉観も、生まれ変わりをかなえてくれる素晴しい聖地と思えるのだ。

「おそらく山は今も昔も信仰とかかわりを持っている」――ジョン・デンバーの歌うシーズン・スーツ。自然に向かうこんな姿勢が、日本の山に入る人々の中に表われてくる日。そのとき、山はもう一度復権なって新しい自然の大いさを私たちに見せてくれるに違いない。

氷河を持つ山脈の広がり。もし日本にも残骸でない真のアズール色の氷が、夏の陽光の下、瀑となり、河原となって広がっていたとしたら、山というものに対する考えは

違っていただろうか。万年雪、夏の終り、新雪の来る前の乾いた岩肌に接して輝く白い雪を踏みしめることができたら……。そんな夢を満たしてくれる山。

そう、雪の消えた山肌はあまりに寂しい。陽光を全身に浴び、湿って黒ずんではいても、それは確かに岩肌。そして消えてしまうには違いないが、今は確かに青味を帯びた雪。氷河を夢みるに最も適した山、春の剣岳。連なる山並を無限のものと念じつつ、八ツ峰の、それは五月。

「私の意図した『山岳学』は、だから、そのトピックが、雪崩であろうと植物帯であろうと、あるいはカゲロウの幼虫であろうとイワナであろうと、つねにその背後に、『山とはなんであるか』もうすこし丁寧にいえば、『山とはわれわれにとって、どのようなものとして認められるべきであるか』といった、共通した主題がひそんでいなくてはならないのである。」(今西錦司『日本山岳研究』序文)

万年雪、懸垂氷河と圏谷氷河、気候的雪線と森林限界。ただ漫然と山を歩くことの楽しさだけにとどめず、ひとつの視点を持ってそれを歩いたとき、山はもっと強く、もっと身近な存在となって迫ってくる。感情の世界から叡智の世界へと山を引き寄せたとき、山岳は信仰の地、哲学の地となりうる。そして「ロッキー・マウンテン・ハイ」はその名を置き換え、日本の山にもふさわしい存在となる。 (74・5)

羅臼山頂のペンキ

とにかく北海道の地図を広げてみよう。そして鉄道と主要幹線道路を指でたんねんに追ってみよう。

本来接続されるべき性質の線路と道路が途中で行き止まりになっているその数の多さに改めて感嘆するに違いない。北海道には、まだ人間の足をもってしかトレールを刻めない真の自然が残されている。

知床半島。鉄道はそのつけ根に当たる標津《しべつ》と斜里《しゃり》まで。半島を横断する道路は同じく標津から斜里への一本だけ。半島の中に入ってしまえば、その横断道路は羅臼《らうす》から岩尾別《いわおべつ》へ、途中羅臼岳を越えての登山路だけ。海岸を走る道路も、沢に架かった鉄橋を渡った所で突然終点。信じられないことがまだ現実にある。

それは知床だけのできごとではない。地図を見ていると、北海道はただひとつ日本に残されたサンクチュアリだとしみじみ思えてくる。根釧《こんせん》の原野、知床の原生林。これ以上道路はできて欲しくない。これ以上に人口が増えて欲しくない。山小屋もなく、ウィルダネスと呼ぶに値する残されたこの地を、真の冒

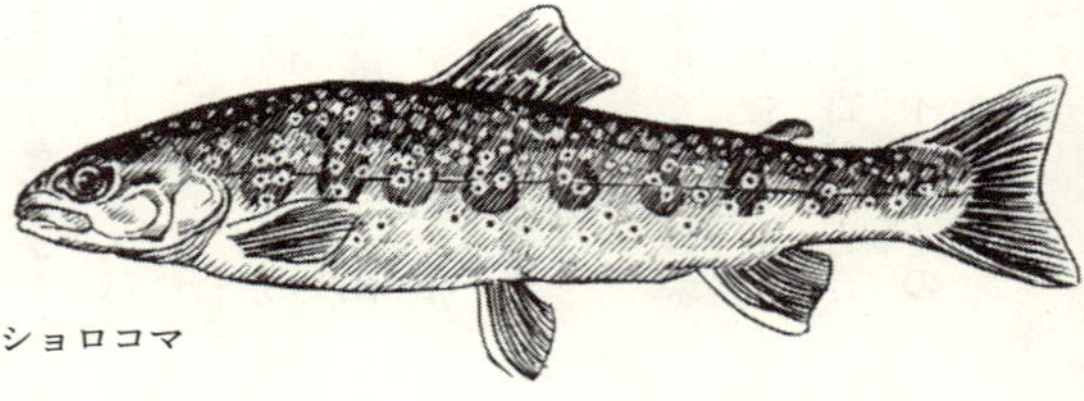

オショロコマ

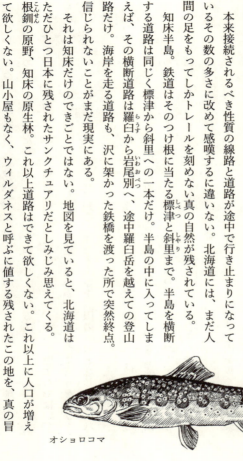

険者たちのために残して欲しい。それは感傷でいうのではなく、野性との融合の中に価値を見いだす真の人間をもう一度育てるために。冷たい霧の中、無数に咲き乱れる野生の花々。それは高山植物という感傷的なイメージを感じさせない「北」の雑草たち。オホーツクの風がひたすら巻き上げる知床、羅臼岳は短い夏を迎えて六月の終り。

羅臼温泉からの登りは決して急ぎたくない。樹木は常に北の地であることを教えてくれて、深く途切れのない重なり。雪渓と清水。無人の花園。しかし、すべては羅臼岳山頂の赤、黄、白ペンキの登山者名簿で台なし。二度と羅臼を口にすることもないだろう。

根釧のイトウ、知床のオショロコマ、ともに一度は手にしてみたい魚だったが、オショロコマは釣りの対象とされる魚ではない。それは知床の宝物。知床の渓に常に群れ泳いでいて欲しい宝物。すでに幻という文字を冠されたイトウ。これも現時点では「禁漁魚」とし、もう一度巨大に育つ日を待ちたい。

湿原の川は蛇行していてこそ本当の姿。イトウのすみかを奪い、原生林を伐ってクマを追い払い、「豊かな文化生活」を築き上げたとしても、そこには人間の本性を忘れた抜けがらだけしか住めない。北海道の、知床の人口がこれ以上増えないことをただただ願う。オショロコマを魚籃いっぱいに詰め、ペンキを持って山に登る人間の増えないことをただただ願う。

（74・6）

ヨセミテの若者

GO CLIMB A ROCK　ヨセミテの谷にはこの文字が満ちあふれていた。ロッジの入口にも、登山学校の看板にも、スリーピング・バッグを乾かしながら日光浴を楽しんでいるクライマーのTシャツにも。シェットランド・シープドッグを連れたポールとその仲間たちもジーンズを切り離したショートパンツとTシャツ姿で川べりの岩の上に陣取り、日光浴を楽しんでいた。

「ヨセミテへ来てどのくらいになる?」

「一カ月余りサ。」

「何をしているんだい?」

「大体がロッククライミング、それにバックパッキングとスキーというところサ。今はまだだめだけど、雪が消え始めたらツオルミ・メドースまであがってマスを釣りたいと話していたところだヨ。」

「ところで、いま君たちが一番興味を持っている問題は?」

「もちろん、エコロジーさ。」

シグのアルミ鍋のポーク・エンド・ライスをイヌと仲よく食べ合いながら、ポールは明るい表情で話してくれた。岩を登ることの楽しさ、樹林の中を歩くことの楽しさ、残っている雪を探してスキーを滑らせることの楽しさ、そして自然の中にいることの素晴しさを。ナットの一本一本をていねいに磨きながら語る彼らの表情は底抜けに明るく、エコロジーが最も興味ある問題だと語るときの表情はまた真剣そのものだった。

ロッククライミング。それがフリークライムだろうとアーティフィシャルだろうと、そんなことは問題ではない。直接岩肌に触れ、自分のエネルギーを燃焼させ、困難を克服していくことにこそ意義があるのだから。

「なぜナッツを使うんだ？」

「あまり岩を傷めたくないからサ。」

ロッククライム、登山、そのほかすべてのアウトドアーライフは自然と人間との交流のためであり、そこにあまり人間的な感情の世界を持ち込まないこと。これが自然との共生を願いとするニューブリードの人間にとっては一番大事なことかも知れない。ロッククライムにロマンがあるなどとは、間違っても考えないことだ。

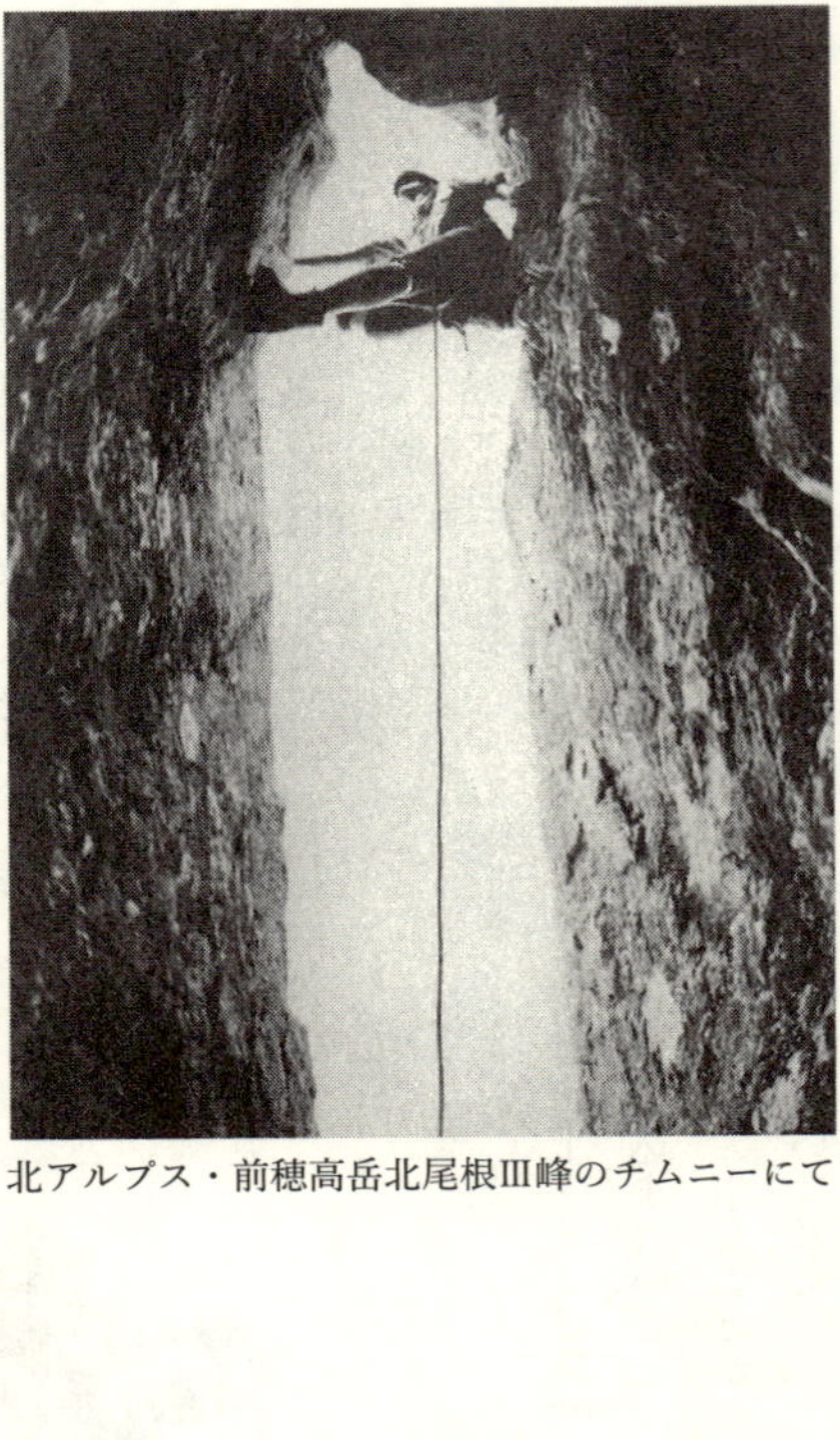

北アルプス・前穂高岳北尾根Ⅲ峰のチムニーにて

森林限界を越えれば、いやおうなくそこは岩の世界。雪線を持たない日本の山では、夏は思いきり岩と取り組むがよい。乾いた岩の感触を楽しむがよい。そして自然が教えてくれる湿り気のないことの気持よさを自分の身体中にしみつかせることだ。乾いていること、これはエコロジー・マインデッド・ピープルには欠かせない特性なのだから。

（74・7）

源流帯の生命

水。沢をつめ、やがて源流帯。信じられないほどの透明度をもって岩間をひたすら駆け下るこの生命の根源。太陽の熱と、泡立ちの小さな空気をとらえて樹々の緑を映しながら絶えることなく運動するこの生命。確かにそれは河川とその流域の土地に血液を送り続ける心臓なのだ。淵尻に出て時折姿を見せる陸棲昆虫の影を追うイワナを見ている午後のひとときは、自然と生命の終りないパレードに思いをはせる貴重な時間でもある。

源流帯。そこではすべての生物とその環境とを造りだす四つの源、すなわち空気、岩石、水、日光が完璧に調和し、エネルギーを生みだしていく過程をじっくり観察できるような気がする。そしてその源のどれか一つを人間が汚染してしまった場合の結果がどのようなものにな

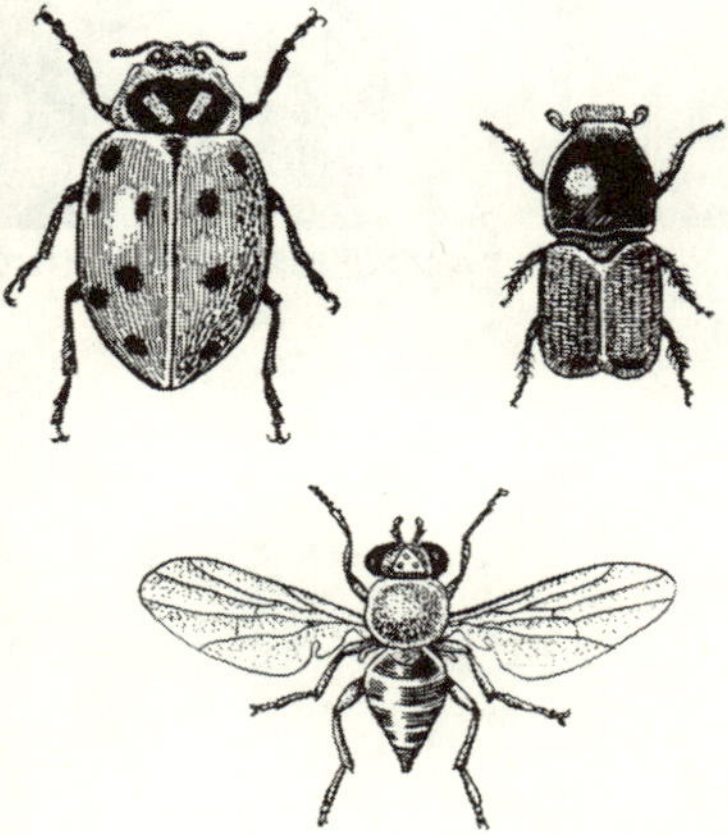

るかもまた、手にとるようにわかりかけてくる。ここでは「不必要」だと思われるものは存在しない。根をむき出しにして朽ちかけている枯木も、腐植の中にうごめく小さな昆虫も、わずかな風に流されて水面を漂う一枚の木の葉も、すべて生命のパレードのために必要な有機体なのだ。

水とは水道の蛇口をひねると流れ出てくるもの。私たちはいつの間にかこう考えては

北アルプス黒部源流・赤木沢にて

いないだろうか。水は人間が造っているようなものだと。しかし、本当はこの山間のあちこちで雨と雪、それを貯える草と樹木とその腐植、養分を溶かしだす岩石などが、それぞれ自分でなければできない独自の働きをもって造り出しているのだということを、私たちはもう一度認識しなければならないときにきているようだ。源流帯、そこが破壊され、汚染されたとき、私たちの生物としての存在もまた破壊され、汚染されるのだという認識を深く胆に銘じなくてはならない。

ただいたずらに沢歩きの魅力を語り、草もみじの美しさを愛《め》でているばかりでは、本当の自然を知ることにはならない。流程が短く、源流までの遡行が、ほかの国に比べれば容易な日本の渓谷を深く知り、それが生命に及ぼす影響の深さを学ぶことこそ、日本の登山者に課せられている問題の一つであることは間違いない。

生態学という分野自体、新しいものであり、これからの学問かも知れない。しかし自然に親しみ、山へ登る人口の多さの割には、この渓流における生態系の絡み合いはともかく、生物の個体研究がそれほど進んでいないという事実については、やはり岳人の怠慢を責められても致し方ない。今こそ心情の世界の沢歩きから自然科学のための登山へと転換を迫られているときではないだろうか。

（74・8）

私たちの家

ビバーク。霧の冷たさが、なおいっそうの静けさを濡れた岩肌にしみわたらせる夕暮れ。月光と、その後を追い続けているに違いない明日の明るい太陽を待ちながら、今、暗く垂直に切れ落ちている岩の壁にビレイングしながら、体のすみずみに暖を流しこもうと口にする一服の茶。自然の中に、岩の肌に身を置く不安と喜びの瞬間を知ることの大事さ。

「原始の時代における人間の生活の単純と赤裸そのものは、少なくとも、それが彼をまだ自然における仮寓者にしておいたという、この利点をもっている。食物と眠りとによって元気を回復すると彼はふたたび彼の旅路を考える。彼は此の世に云わば幕屋に住めるごとく宿り、ある時は谷間をたどり、ある時は広野をよこぎり、ある時は山の頂きをよじつつあった。ところが、見よ！　人はその道具の道具となってしまった。」「われわれはもはや一夜をあかすための野営をせず、地上に住みついて天を忘れた。」（ソーロー『森の生活』）

秩父・二子山の岩場にて

おそらく私たちは今日、家という形を生活の必要物として認めることにはなんの疑いも持たないであろう。夜の覆い。夏の日の家はこの夜の覆いが目的の第一となる。つまり、それはテントであり、ビバークのためのタープである。ドメスティック・カンファト、つまり住居的安楽というものが持つ本来の意味は、家庭という心情のそれより、家屋という即物的な快適さにあることを私たちは忘れかけている。

「もし文明人のしていることが野蛮人のそれにくらべて少しもまさるところが無く、その生涯の大部分を単に低級な必要物と安楽とを獲ることに汲々としているのならば、彼が野蛮人より上等な家に住むべき理由がどこにあろうか?」「わたしは家具のそろった家に納まることがどうしてできようか? わたしはむしろ野に坐したい。人間が地面をとりくずした所以外では草のうえには一点の塵もやどらないから。」(同前)

現在の見せかけの住居の中で私たちはその都会的で気取ったものに反抗し、子供のころの夢、あの原始的な洞穴、岩棚を大切と思い、その自分の夢みるすみかをできるだけ原始的にしておこうと願う。

「私は、単に見た目にきれいだと思われるからといっても、靴が足に合わない場合、無理に足を突っこむことはしない。」「必要のない釘一本、棒一本、木切れや煉瓦のひとかけらも、私の小屋には使わないでくれ――そして嘘いつわりないがゆえに美しいものにするのだ。」（シートン『燃えつきる火のそばで』）

家とは自分で作るものなのだ。現在の都会生活でそれが不可能なら、その夢だけは持ち続けるべきだ。そして山に入った日は、その夢を満たす誠実な家を自分で作ってみることだ。

（74・9）

ジョン・デンバー

今私は日本へ帰る飛行機の中でこの文章を書いています。昨夜はロスアンジェルスの丘の上の野外劇場で開かれた「ジョン・デンバー・ショー」を見ていました。私はこのショーを見るためだけの用事でロスに来たのです。でもそれは音楽の問題としてではなく、自然の問題としてなのです。自然を歌うJ・デンバーだからこそ来たのです。

J・デンバーはアメリカン・ロッキーの自然を歌います。太陽の輝き、シラカンバの林、渓谷の岩、野生動物、流れの中のマス、そして人間。自然を限りなく愛し、そのすばらしさを訴えるJ・デンバーとそのショーに集まった若者たち。月光に照らされた野外ステージから流れる「ロッキー・マウンテン賛歌」に静かに耳を傾け、あの深いロッキーの山中にテントを張り、焚火を囲んでいるような雰囲気に浸りきっていた若者たち。ジーンズとペンドルトン・シャツ。それはショー

というより、自然を愛する若者たちの集会といった感じでした。
バックのスクリーンにはロッキーの山々が、ビッグホーンやグリズリーベアが、そしてバックパッカーの姿が次々と現われ、またバッファローウィードとポンデローザパインの原野が破壊され、都市となって荒廃するまでの過程がアニメーションで映し出されていきます。そう、ジョン・デンバー・ショーは「自然保護と環境保全」のためのワンマン・キャンペーンといってもよかったほどです。その歌声は身体のすみずみまで洗い清めてくれ、深い感動に浸りきったのは私だけでは決してなかったと思います。はるばる来た甲斐があった、とこれを書きながら今も考えています。
「私達は『自然』と云う言葉のある為めに、この一語の下に無造作に凡《すべ》ての物を一括して、その内容に触れようとはしない。そして自然に対して真に驚異の眼を開くことは、全く特殊の人々に限られて仕舞っている。あらゆる妥協、因襲を排して『自然に還れ』の叫びは、過去に於いて発せられた時、それは人性の根本に還るの意味を含んでいる以外に、自然に対して驚異の眼を開くの内的要求を必然的に含んでいた。自然に対して驚異の眼を開かなくなった時は、私達の精神が停滞して、常識に死する時である。」（田部重治『山と渓谷』）
カラマツが雨に打たれ、次第に色あせていく十月。自然という言葉を軽々と口にすることがうしろめたいような気分にさせられる季節です。月光に照らされ、ダウンのベストのジッパーを閉めてもまだ寒気を感じた昨夜、ロスの乾いた空はロッキーの山脈にも、また遠く日本の山脈にも続き、秋を運んでいます。

（74・10）

南アルプス鋸岳・角兵衛沢にて

サバイバルの練習

「とある岩陰に、あるいは雪洞のなかで過ごすビバーク。いつ果てるとも知れない呵責と、無限に続く寒冷の時間、睡魔の誘惑に打ちかとうとする絶大な意志力の発揮……。でも、これが思い出となって残るときにはまたと得がたい冒険となるのです。」（ヘーク『登山靴とスキー』）

生命あるものに対する賛嘆と郷愁。夏が終り、秋も盛期を過ぎると人々の語る言葉たちの中から、輝きを持っていた高揚の部分が次第に姿を消し、どこか陰うつな陰の多い言葉がそれにとって代わる。しかし雪の世界を知っているものは違う。雪の暖かみ、雪の重厚さ、雪の明るさ、雪の本当の姿を知ったものだけに許される高揚の世界がそのとき始まる。三〇〇〇メートルの岩峰に、また水分の多い雪片が霧の雫《しずく》と混じり降り、白く広がる十一月。それは新しい年の始まり。

ロッククライミングやスノーツーリングがマラソンや自転車のロードレース、あるいは車の耐久レースなどと同じ質の過酷な条件の中での限界に挑むスポーツの一種であるという考え方は、もちろん不当ではない。山を感性の世界で捕えようとした時代があり、またスポーツとしてのみ捕えようとしたときがあったからといって、それが間違いであったともいえない。価値判断という、あいまいな所産はすべて人間の側の問題にしか過ぎないのだから。

　だが最近になって私たちは、人間の自然に対する幾つかの誤謬を訂正せざるをえない立場に陥って、改めて自然を考え、自然あっての人間生活という、ごく当然な結論を認識し始めた。自然の中でのサバイバル——生存をもう一度私たちは練習し、身につけねばならなくなった。人間が機械に頼り、孤立したままの状態ではこれ以上の発展が得られないのだという認識、自然は人間の知能をはるかに超えた存在であったという認識、それを身をもって感じた私たちの時代にとって、自然を相手にする岩と雪の世界は、もはや単なるスポーツにとどまらなくなった。

　バックパッキング、クロスカントリースキー、カヌートリップ、スノーキャンピング、そしてウィ

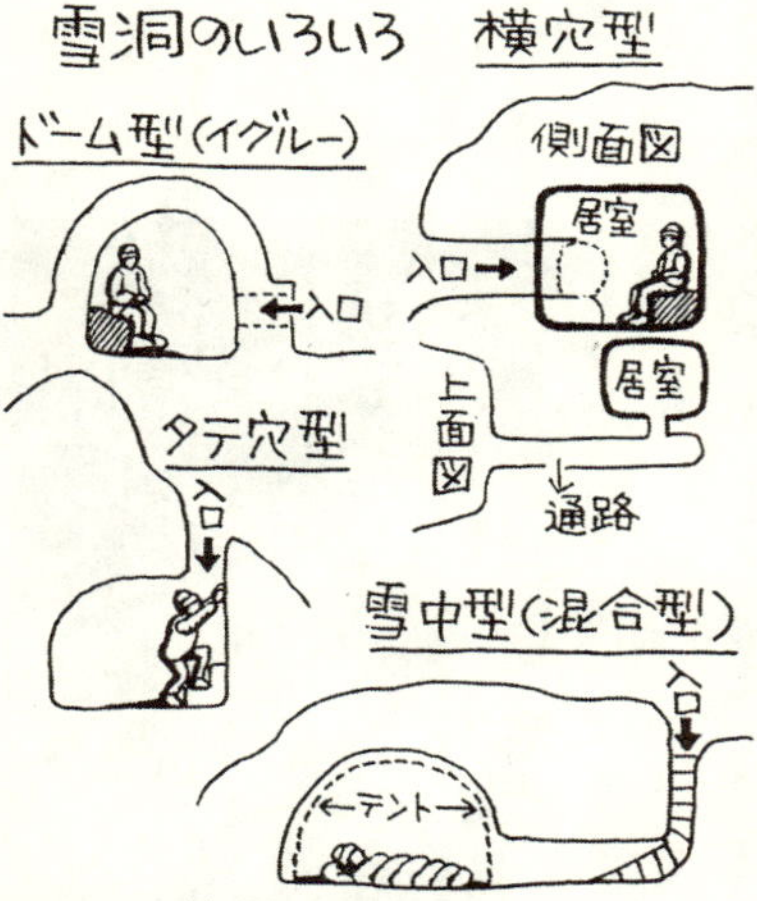

勝田甫著『積雪季登山』より

ルダネス・リビング。精神的なものだけの意味から、今それらは自然の中に生活し、その糧の元に生存する叡智――ウィズダムを求めるものへと変化しつつある。

雪の山中を歩き、その中で生活する術を学ぶための訓練。かつてはそれは一部のスポーツマンのためだけの学習であり、それで済んだかもしれない。しかし今日、雪上訓練は自然と共生しながら生きる全人間に必要な知識であらねばならない。それを避けて通ることは、すなわち人間の滅亡を意味する。またそれゆえにこそ、今日は真の指導者とシステムを必要としているときでもあるのだ。

（74・11）

富士山・御殿場口八合目にて

森に何が起こったか

また巡ってきた白い王国。静寂の世界。ラッセルを繰り返しながらたどり着いた白無《む》垢《く》のキャンプサイト。雪のきしみが鼓膜の奥で増幅され、心臓の鼓動をいっそう張りつめたものにするテントの中の夜。白光の輝きが筋肉を解きほぐし、やがて朝のひと仕事。シラベもナナカマドも、そしてあの赤茶けた岩肌も今は埋もれて白の反射の底にある。すべてを覆い、屈服させる冬の苛酷が、また巡りくる春の森の新しい滋養の因となることを考える時。スコップにのせた雪が粉のように散って陽光の中に溶けこんでゆく朝の感触、十二月。

森と岩。この二つを兼ねそなえたときこそ、それは山。本当にマウンテニアリングと呼べる行為の場にはそのどちらが欠けてもならない。針葉樹の森の匂い、森林限界の視界、そして岩の感触、森あってこその岩、森あってこその山、森あってこその登山。「黒い木立と白い雪。ただその二色が言葉を絶した景色を作りあげるのだ。一番単純で一番豪華な効果、それは至高の芸術によく似ている。」（深田久弥『わが山山』）

今年十月、合衆国ワイオミングを旅して、森を大事にし、山を愛する人々の幾つかの事象を目にした。四〇〇〇メートルを超すグランド・ティトンの岩峰、そのカシドラル・ピークを眼前に仰ぐジェニー・レークのアウトレット、上水道の取水口になっているほどの水の澄み、周囲を覆う針葉樹の見事さ。昨夏、その森の中に野宿したときの感興を思い浮かべながら、今年もまたその地を訪れた。

しかし驚いたことに、そこはまったくの別世界のように荒廃していた。ジェニー・レーク南東岸一帯のロッジポールパイン、ファー、スプルースはことごとく倒れ、巨大な根をむき出しにし、残されたわずかな若木が必死に掘り起こされた土と闘っていた。それはまさに凄惨といえる風景だった。昨年のあの森と岩の面影はどこにもない。傍らに一枚の銅板のパネルがあった。国立公園のレンジャー・オフィスが出したそのパネルの内容、そこにアメリカにおける自然環境保全の真の姿、森こそ自然の生命の鍵を握るものとするそれの一端を見た思いがした。

パネルのタイトルは、What happened to all the Trees ?この森に何が起こったか——となっていた。昨年十二月

に襲ったハリケーン。まだ完全に凍結していず、湿って軟らかくなった土がいっそう被害を大きくしたこと。暴風雨、火事、雪崩、昆虫の攻撃が森にとって常に悲劇をもたらすことを説明して、しかし国立公園はこれらの出来事を森のライフサイクルの一部と見なすと結んでいた。山、自然、人間生活。森はその中心にある。

（74・12）

北アルプス西穂高岳にて

山火事

山、自然、人間生活。森はその中心にある。ジェニー・レークからさらにイエローストーン国立公園に向かうと巨大なジャクソン・レークが現われる。十月の湖畔は人影もまばら、ティトンもモランの峰も新しい雪をまたかぶり始めていた。しかし湖の対岸、限りなく広がるロッジポールパインとアスペンの森は白い煙に包まれ、四〇〇〇メートルのリッジもぼやけて見えた。フォレスト・ファイアー――山火事。

スネーク・リバーをゴムボートで下り、夜の帳《とば》りを下ろしたジャクソン・レークに達したとき、黒々とした森がいたるところで炎を吹き上げている様を目撃した。この山火事が起こったのは六月二十九日。乾いた夏と秋をひたすら燃え続け、そして雪が森を覆い尽くすまで燃え続けるのだ。ジャクソンの街では、この山火事を早く消すようにとの署名運動が行なわれていた。新聞も「山火事――是か非か」という論評を一面に載せていた。

なぜ消さないのだろう。この疑問はレンジャー・オフィスへ行って解明された。国立公園地帯の山火事に関しては自然の成りゆきに任せる、これがオフィスの決定だった。山火事も大自然のエコサイクルの重要な要素であるという見解の上に立って、森に起こるすべてのできごとに人間の手を加えないようにしているのだ。森に火事が起こり、多数の樹が死に、動物が死に、その死骸がやがて土壌の栄養となり、新しい生命のために重要な役割を果たしているのだと。そして、これらの火事を機会に、自然生態の仕組みをしっかり研究しようと考えられていたのだ。

もちろん、いろいろな機関誌をとおしてその主旨はPRされている。エコサイクル、森のライフサイクルが人間の、自然のすべての基本にあるのだと。その意見は正しく、その問題に多数の人々がかかわり合っているのを見るのはうらやましい。同時に街の人々の反対署名運動ももっともな気がする。大切な観光資源がみすみす灰になっていくのを黙って見ているというのもつらいことだ。

山火事是か非か。双方に言い分はあるだろう。

しかしいずれにしても、その双方が自然を大切にし、自然を人間生活の基盤にすえて物ごとを考え、判断していることは間違いない。このエコロジー・マインデッド・ピープルが私にはなんともうらやましかった。確かに自然あっての人間なのだから。

年が改まり、また山と渓谷に分け入る月日が始まる。自然が繰り広げる限りない大いさを求めて。しかし、もはや感性や心情で接するときではないように思える。自然科学、エコロジーの眼をもって自然に学び、叡智をもって人間生活を振り返る。そのための山と渓谷への旅立ちを願って、一月。

（75・1）

ワンマンズ・ウィルダネス

ブルーアイス、蒼氷、碧氷。厳冬の緊張した大気と、熱を感じさせない鋭い太陽光線の下で、この青い色彩を目にしたことのある者はだれでも、この色を形容する言葉のどれひとつとして納得のいくものではないと考えるに違いない。自然が与えてくれるさまざまな現象を驚きの、あるいは畏怖の念をもって目にとらえるとき、それは哲学の美の観念では表現不能になることは確かである。もちろんそれは言い古された言葉であり表現すべき一語を探し求めてから、もう二十年になる。今や私は到底それを発見することはできないだろうということを知った。なぜならば、この戦《そよ》ぎたる、一切の言葉以上に美しいものだから——と投げ出す結果にならざるを得ない

いつもそうなのだ。言葉ではどうにもならないもの。だれにも伝えられない世界。凍りつき、陽光に磨きあげられ、光のすべてを反射しているような氷の表面に、ただ無心にコンケーブのブレードを打ち込み、十二本のポイントでペネトレー

八ガ岳・ジョウゴ沢にて

ションの感触を探りながら滝の落ち口を視点の高さにまで引きずり降ろしたとき。たとえそれが果てしなく続く氷河の中の出来事ではなく、岩の肌や湿った黒土が両肩に触れ合う狭い谷筋のわずかな滝の中であろうと同じこと。それが心の住居となりうる土地であり、場となる限り。

「私の憧憬の対象は、自然の風景そのものではなく、人間と自然との間にかもし出された一種の風俗であることを悟った。いずこの森林にもせよ、自分がその中に仮の住居を持たなければ、森林に対する憧憬は癒やされないのだ。観光客のようにあらゆる名勝地を見てまわることは愚かなことで、彼らの風景に対する憧れは、自らを自然の中に埋めてみない限り、裏切られ失望するに違いない。」

(千坂正郎「『ニウ』を繞る」。東京山旅倶楽部『TMC報告』二号より)

シラビソやツガの森の中に丸太小屋を造り、暖炉にまきをくべ、煙突から青い煙を出し、財産といえばアックスとノコギリだけ、ランプの油を求めてスキーにシールをつけ、

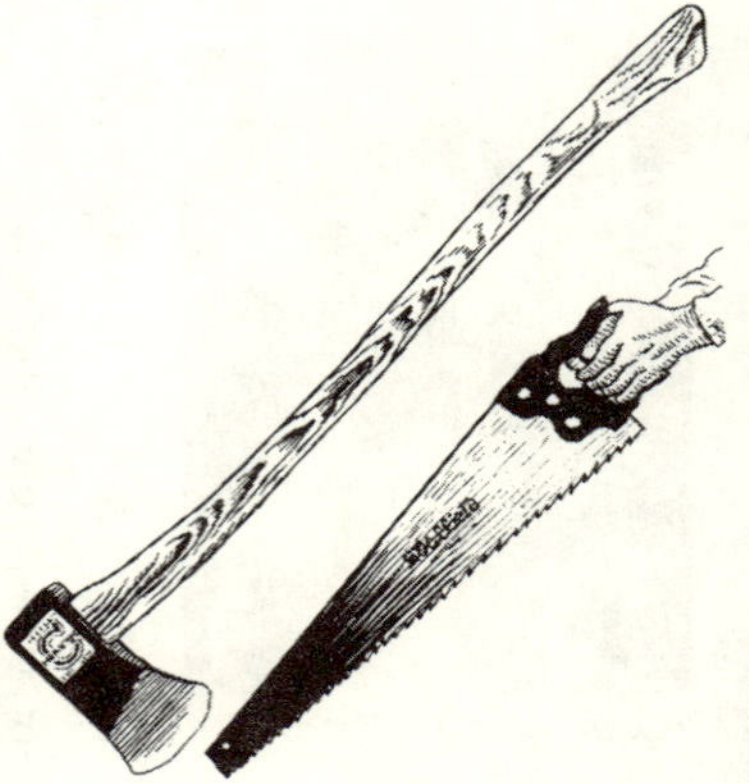

凍った池の氷を割って渡ってきた雁に水草を見せ、屋根の雪を降ろし、アスペンの幹に日付けを刻む。そして壁にかけたロープとアックスを外し、静まりかえった氷の上にひとり息をはずませる。

ワンマンズ・ウィルダネス――たったひとりの荒野。それは生活の価値観をもう一度考えなおすことによって夢物語ではなくなる。私たちはあまりゆっくりしてはいられないのではないだろうか。自然と呼ばれるものは、もはや姿を消そうとしている。言葉以上の世界を知るものは、その世界がこれ以上せばめられることに憤りと強い姿勢を示す必要性を確認しなければならない。

（75・2）

冬山のシェルター

雨がやってきて騒がしい音を立て、森にまた新しいひそかな香りが漂い始める。土と水の匂い。雪が消えてゆく匂い。山麓に再び春の明るさが巡ってくる三月。山上はまだ重い灰色と褐色の色あせた世界。ただ空の色はやはり三月のそれ。重く固い春の雪。明るく透きとおった氷で覆われているような春の雪。スノーブロックをインクラインに積み上げること。今年こそと思いながら、やはり難しくてまたまたシンプル・タイヤーになってしまう。ノマディクスの人間たち、エスキモーやインディアンの生活に思いをはせながら、ブロックをブリックのように積む。

「また確かなことは、どんな山登りであっても、その魅力の大部分が冒険ということにあると思います。つまり、わたしたちに向ってなにかが『やってくる』ということ、なにかがわたしたちを待ちかまえているということ、わたしたちに出合い、ぶつかってい

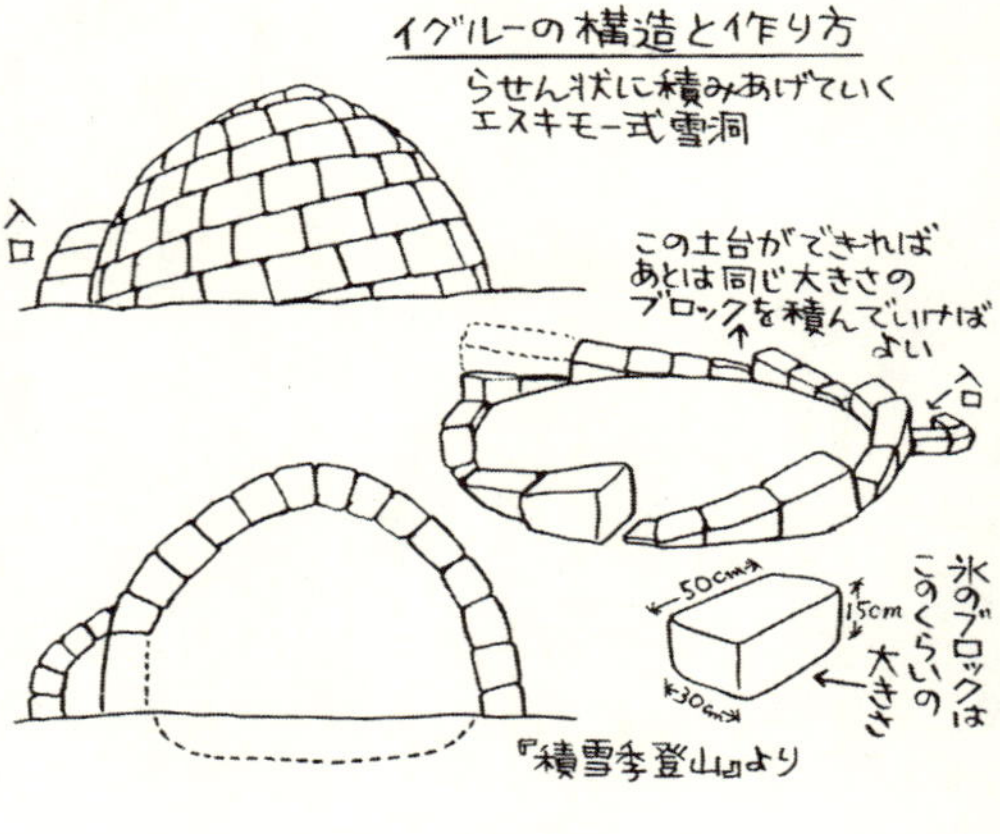

『積雪季登山』より

るということなのです。そして、この冒険というものは、冒険そのものの側からいえば、それがどのような結果に終るかはっきりしていないということです。――ですから、あるいは悪い結果になるおそれが十分にあるということ、すなわち危険に陥るおそれがあるというところにこそ魅力があるのです。純粋な登山において、わたしたちは絶えず冒険に出合い、また危険に直面します――これが『高嶺誘惑』のいろいろある理由の一つなのです。」（ヘーク『登山靴とスキー』）

アウトドアー・サバイバル。イグルーを作り、スノーケーブを掘るのも本来は冬の野外生活のサバイバル訓練のため。冒険の中の悪い結果に至らないための心得として山に登る人々が蓄えておかなければならない知識。いや、ただスポーツとして山に登る人だけのものではなく、北に生活する人々はすべて知っておかなければならない知識でもある。

イグルーとスノーケーブ。冬山訓練の中に必ず入れられているこれらのシェルター作りには、ほかにもスノーピット、スノートレンチ、スノードリフト・シェルターなどがある。状況に応じて使い分ける判断力とテクニックはだれもが身につけておかなければならない問題である。冒険に価値があるのは生存に成功したとき、サバイバルをなしとげたときのみである。

また春が巡ってくる。（75・3）

山の生活、都会の生活

山での生活は、都会での文化的なそれに比べると、不便なことばかりに見える。というより、その不便さこそが生活の実相なのだと気づいてこそ山の楽しみがある。生活のない登攀という部分的スポーツには、私は興味を持てない。仮に登攀を楽しむゲレンデを求めるとしても、それを成すための環境の中にやはり生活の部分が欲しくなってしまうのだ。

「私がいたころ、米国では盛に Back to Nature ――自然にかえる――ということが流行した。何をしたかというと、きたない着物を着て、野原や林に出て行くだけである。つまり野蛮な真似がしたいのである。」「どうも人間、あまり文明的になると、反対に野蛮な生活が恋しくなるものらしい。すくなくとも私はそうである。そして、最も野蛮に近い生活が許されるがゆえに、私は山に登るのである。」（石川欣一『山に入る日』）

限られた部分でしか生活というものを考えなくなってしまった現在の都会型の生活で

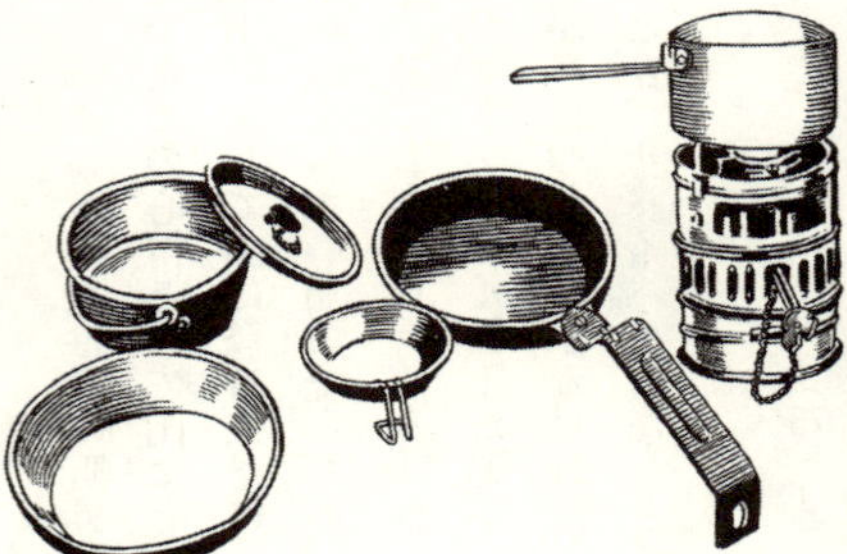

は、もはや人間は完全である必要を感じない。「健康であるとは、ぼくらの能力をひとつ残らず自由に駆使し、しかも、その能力の一つ一つを平等に発展させてゆくことである。」(ソーロー『森の生活』)

自由があるといわれ、自由であると信じている国に住んで私たちは「不必要な苦労」と「余計な浮世の苦役」に短い一生の大部分の時間を費やしている。「じじつ、労働する人間には、本当に豊かな精神を養ってゆくための余暇が日に日になくなってゆく。彼には他人と最も人間らしい関係を保ってゆく余裕がない。そんなことをしていると、彼の労働の市場価値が下落するからだ。彼には、機械以外のものになる時間がないのである。」(同前) 生活手段を得るための労働自体が自己目的となってしまった現在の私たちの生活ぶり。「生きる機会は、いわゆる生活手段としての〝財産〟が増えるほど、それに比例して減少する」というソーローの言葉(同前)をもう一度かみしめなければならない。

山に入るということ(山に登るというよりも)には、その失いつつある完全人としての生活ぶりをもう一度思い起こそうとする動物本能のようなものの導きが働いている。山で出会う人間同士、笑顔が生まれるのは、「他人と最も人間らしい関係を保ってゆく余裕」がそこにあるからに違いない。都会生活の残滓を引きずったまま山に登ったとて、なんの価値があるだろう。山の生活こそ本当の生活であらねばならない。

(75・5)

湯川

「この原を貫流する川、湯川に眼を転ずれば、今度は其《その》旺盛な生命力に、眩暈を感ずる。茲《ここ》に国立公園、日光ありと叫び度《た》い。両岸近くには、湿原の根跡が、湿っぽく残り、繁茂する樹木は、腹一杯、水を飲んで、麗かな陽に、輝いて居る。」「更に。此の川は決して濁る事がない。上流には、湯ノ湖という濾過池を有し、此の川に入る程の水は、凡《すべ》て、此処《ここ》で濾過されて、澄明になって、湯滝の岩壁を、溢れ落ちて来る。」「濁り度くても濁れない。だから、雪代の時季であろうと、いささかの変りもなくいつもの澄明さで、釣人を迎える。」「それ故吾々は、此の湯川という、立派なドライ・フライ・ウォーターズを有する以上世界の何れの川をも、追慕するを要しない。湯川は、こんな立派な川なのである。」（金子正勝『毛鉤釣教壇』）

濁りたくても濁れないはずの湯川は今、急速に汚染が進み、絶体絶命のピンチを迎えている。濾過池であったはずの湯ノ湖は全国で五指に入る水質汚染湖となってしまった。

もちろん今もフライフィッシングのサンクチュアリとして湯川は釣り人のだれもがあこ

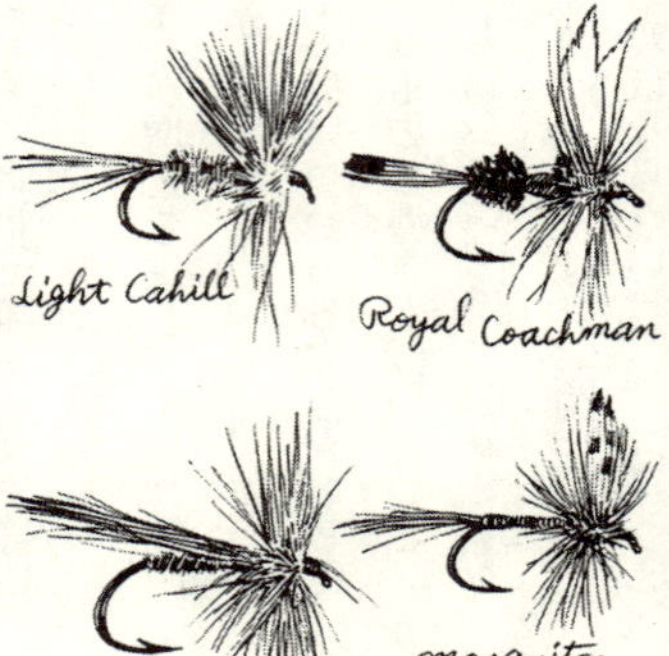

がれをもつ川ではある。しかし、それはもうかつての透明な水をたたえ、「こうした、澄明な川に居る、豊富な、美しい鱒は、釣人にとって、堪えられぬ魅力」（同前）をもっていた、その面影をとどめてはいない。

水質の汚染とともに環境も急激に汚れ始めている。川岸にはゴミの山。道路、諸観光施設が改良（?）されて客としての人間が集中する。自然保護、環境保全を徹底しようとすれば、人間がそこに立ち入らないようにする以外に真の方法はない。

「天上の花園があるといわれると、登山者がワイワイ押しかけて行って、すべてをふみつぶして泥沼にしてしまう。やはり立入禁止にして、少なくとも五年間は自然のおもむくままにしておかなければだめだろう。登山者はそうなっても文句をいう資格はないのだ。自分でふみつぶしてこわしたのだから。」「近頃はよほど多勢がくるものとみえ、人が踏まないように道にそって針金が張られているのをみると、さびしい気持ちになる。日本が文明国、たとえ一等国であっても、まだ日本人は一等国民にほど遠い存在であることをまざまざと見せつけられたようなものだ。」（西丸震哉『山の博物誌』）

「山頂へ到着することを、征服したと表現する人は、山から何物をも得られない。」西丸氏の言葉をもう一度胸の中で繰り返しながら、日光の山を愛し、日光の自然と日光の魚を護ることを仕事としてきた釣り人たちを思う。

（75・6）

北の人間、ドン・シェルドン

新北区。北アメリカ、ニューファンドランド、グリーンランドを包括した生態学上のこの呼び名が持つ魔力に魅せられる人間が、必ずしも新北区に住んでいるとは限らない。旧北区の東のはずれにある島国で、千島からアリューシャンと地図を追いながら、深い霧とともにツンドラのアラスカへ思いをはせている人間も数多いはずだ。

北米狂い、アラスカ熱。ユーラシアの岩と氷のピークをクライミングのアルチミトと考える登山家たちよりも、動植物あるいは地質、気象などというエコロジーの分野の人間たちに、この新北区狂いはより多いような気がする。新北区のうちなる北、ツンドラと針葉樹林の広い帯の上を覆う雪と氷、蘚苔と地衣、移動するカリブーの巨大な群塊、マツ、ツガ、トウヒ、モミ、真直ぐに伸びたこの密林の中、曲がった鼻と婚姻の朱で河を染めるサーモンの遡上、氷河とオーロラと万年雪の山、そして無人のウィルダネス。

もう一つ、この新北区狂いを増長させる要素がある。それは人間、北の人間、ノマ

ディクスの人々。インディアンとエスキモーと零下のパラダイスを知っているアラスカ人。この魅力なのだ。

ドン・シェルドンが死んだ。ブッシュ・パイロットとしての名声を欲しいままにしたこのアラスカ人は、もはやマッキンレーの峰々を飛ばない。彼を『山と渓谷』誌が表紙用に撮影していたのと同じ時期に、私はやはりアリューシャンの根もとに向かうセスナ機の上にあった。来年はきっと、ターキートナを夜明けに飛びたち、マッキンレーを間近に見るグレーシャーに降り、年とることを忘れてしまったパイロットの笑い声を飽きるほど聞くことができるのだということを、そのときは露ほど疑ってはみなかった。しかし今、それは永久にかなえられない夢となってしまった。ひとりの人間の死がこれほど口惜しく感じられたことはかつてない。さみしいというより口惜しい。

「《精神》の風が、粘土の上を吹いてこそ、初めて《人間》は創られる。」（サン＝テグジュペリ『人間の土地』）さしずめ、ドン・シェルドンにとっては雪と氷が、彼の人間を創る土壌だったのだ。「説明しがたき希びを人に味わわせるあの飛行中の瞑想」にドンもひたりきっていたに違いない。古いアークティック・パーカとブーツを着込み、笑顔で愛機と友人とともにカメラに納まってくれたドン・シェルドン。私の夢はかなえられなくなってしまったが、この写真が残ったことでなにか救われた思いがする。（75・7）

アラスカ熱の男たち

アラスカの山々。ロスアンジェルスからアンカレジへ向かう機上から見る白い王国。四月の山、七月の山、そして八月の山。眼下にゆっくり流れてゆく名も知らぬ峰々の長い重なりをながめていると、いつも新しい勇気と張りつめた気力が自分の内部にわき上がってくるのに驚かされる。マッキンレーのように高く立派な山より、きっと地上から見たら風采のあがらないであろう低く、そしてなだらかな容姿の峰の、その果てしない連なりが、圧倒的な威圧感をもって、この身の矮小さをあざわらっているように思われるのも不思議なことだ。

自然保護などという言葉はどこを探しても見つかりはしない。この巨大な自然の中にひとり身を置き、はたして、この自然に打ち勝ち、生き残る力を自分が持っているものかどうか、恐怖と同時に、力の限り闘ってみたいという熱望がわき上がってくるのだ。自然保護などという言葉のおこがましさが髪の毛一本一本にまでしみこんでいく思いがするのだ。

グレナレン近くのハイウェー、スプルースの森の上にそびえるランゲル・レンジの夕

映え、チュガチの山々、マタヌスカの谷、アンカレジの周辺をホッピングするだけで、八月の短い夏は終ってしまうに違いない。アラスカ、この北の世界は人間の短い一生ではまったくの一部をなでるに終る広大な聖域であろう。そしてアラスカ熱にとりつかれた男たちは、その一生をかけてひとつぶの砂金を探し、魚を追い、毛皮を貯める。

地図につけられた一つ一つのトレールに破れた靴の足跡を印し、リバイスのほつれも、油気のうせた頭髪の絡まりも気にすることなく、汗と埃にまみれながら、森を、ピークをひたすらよぎり、腰のナイフと肩のライフルの重みを頼りに、ハスキー犬の太い前肢を頼もしく見つめながら、エイハブ船長の宿命の航海を受け継ごうと志す青年たち。アラスカには巨大な自然とともに、それに立ち向かおうとしている、生きものとしての人間の若々しいたぎりがいまだにある。

アセスメント（環境事前影響評価）。環境に与える開発行為の影響を事前に予測し、その悪影響をあらかじめチェックしようというこの当然の措置が、芝生や外来種による見せかけの緑化や、富栄養化した内水面への魚種の放流という無謀さを生む危険な結果をもたらさねばよいが……。こんな不安を抱く青年たちを一人でも多く育てるために、サバイバル・プラクティスとしてのウィルダネス・リビングの価値は次第に高まってゆく。

（75・8）

ノマディクス人間

人口抑制に失敗した人類は現在、南北両極地域と世界最高峰の山頂部を除けば、地上のすべてにその生存の跡を印している。人間の生活を阻んでいる要素、それは寒さでも高さでもない。雪なのだ。植物の繁茂を妨げ、動物の育成を拒む雪が人類の限りない進出に抵抗を示している。そこにすみつき、生活することを許さない土地。そこは探検の土地であり、人間の知性と肉体が自然と闘うための最前線である。

その地に足を進める人間にとって、高度というものはさしたる問題ではない。なんといったところでたった九キロでその最高の峰も終ってしまう。大事なことはその高さ九キロの地点へ達するのに、その数字とは比べものにならない長い距離を歩かなければならないということなのだ。もしかしたら、その九キロは一人の力で到達できるかもしれない。しかしその九キロへ達するための長い距離には、その一人を支える多数の人間が必要なのだ。エベレストの山頂に達することのすごさはそこにある。

山頂を極めた人間はごくごく少ない。しかしその人間だけがエベレスターではない。彼らを支えた力、ヒマラヤに生存し、その高地の条件に順応し、低地の人間には不可能な力を蓄えているノマディクス人間たちの力が、一人のエベレスターを作り出しているのだ。そこに金銭が介在するからといって、それらノマディクス人間たちの価値にひとかけらの曇りも与えるものではない。

いつか九キロの地点に至るための道路が開かれ、あるいは物資を運ぶための空輸機関が確立されたとき、それを利用して山頂に立った人間をエベレスターと呼ぶのに、私たちはある種のためらいを覚えるに違いない。人間が生活することをなし得ないでいる土地。その最も近くに生き、やがて一歩ずつその雪を解かしていこうとしているノマズの人間たちに、生きることの、あるいは自然と闘うことの本来の生物の姿を見いだす。エ

クスペディションとは、それに近づくための弱者の学習であろう。
加藤保男氏、石黒久氏という若いエベレスターを生み出した「日本エベレスト登山隊一九七二」にしても、冒険のためのそれではなく、探検のエクスペディションであったはずだ。世界一高い場所でご来迎を迎えた二人の生存こそ、その探検のハイライトであり、それを支えたノマディクス人間たちの連帯の記録であろう。エベレストの壁に通じている世界中の小さな壁。岩を攀じる者にとって、自然と闘う生存の意味と、自然と闘う連帯の意味とを学ぶことからその一歩が始まる。
（75・9）

高原にて

板橋川の枯れ草の中の一日。テントとファイアープレスとの間を往復するだけが生活というものであった一日。水棲昆虫と魚の動きとムクドリの群と赤岳の夕焼けと……。感覚を研き澄ますことに神経を集中させて過ごしたその日、「もし、きみが砂漠のなかや、森のなかや、山の洞窟のなかにすわって知恵を望み、宇宙の法則を熟考するならば、君は腐敗した悪から自由になるであろう」というソーローの言葉（『森の生活』）を理解するのにそれほど苦労しなかった。

「青年は、まず、猟師、または、漁夫として森へ行き、結局は――もし、自分のなかに一層善良な人間になる種子をもっているならば――詩人とか博物学者として独自の目的を見いだして、銃とつり竿をすてるようになる。大多数の人びとは今でもこの点では若いのである。」銃や釣り竿を持って山に入るものこそ、内面的な直感をもって自然を正しく捕えているといえる。「漁夫や猟師や木こりなどは林や野原にその日をおくり、特別の意味で自然の一部分になっているから、仕事の余暇になにかを期待して自然に近づ

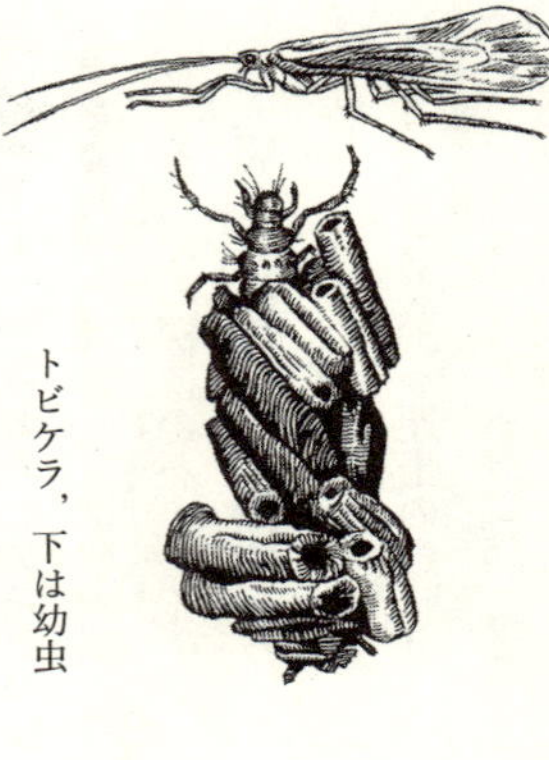

トビケラ，下は幼虫

く哲学者や詩人よりも、自然をよりよく観察することができる。自然は、かれらの前にはかくすところなく自分自身を見せてしまう。」（同前）ためらうことなく野性の生命力を自身の頭髪に乗り移らせることだ。その経験こそ、やがて真のナチュラリストをつくりあげるエネルギーなのだから……。高原の風が啓示を与えてくれた、あの秋の一日。

「いったいスポーツの醍醐味は、身心統一の無我の境にあると信じるが、登山にはこれに加うるに、生死を越えて生死を把握する体験がある。しかもその体験は、経験している瞬間には、むしろ無我夢中でわからなくて、一歩ゆとりをとり戻したとき……すなわち高原帯へ降りて悠遊の思いに、ふたたび山を見、山に浸るときに、油然と内から盛り上ってくるのだ。かくて、私は高原を尊び、高原に山を味わい、高原を愛してやまぬのである。」（村井米子『山の明け暮れ』）

夏の盛り、岩肌の緊張感に充足を求めた者をも、秋の安らぎがふと高原へと足を向かわせる。自然の匂いが、自身の故郷を呼び覚ますのだ。雨の匂いにサケが川を遡る。「高原こそは、親しみやすい山岳の広庭、人の子はここで安らかに山に浸り、山になれて、落ちつくことが出来るのである。」（同前）高原が人為的で複雑な、あの精神的または肉体的労働の報酬のために無残に爪跡をたてられた裸地となってしまった国には、真のナチュラリストは育たない。

（75・10）

針葉樹林の向こう側

「鳥の渡りと山歩く私達の心とは何か共通点がある。秋の爽涼の中を、暑中休暇であるが故に山登りする人達の群のもう居ない静かになったそこを、湯に浸り、捕鳥小屋に伸び、栃の実を蹴って歩きまわる。秋山の深い魅力は骨に泌み入り、心臓を嚙む。私はもう、その心臓を嚙まれて毒素が完全に身にまわって居るのを知って居る。」（矢島市郎「紅葉と鶫《つぐみ》と山の湯と」。『登山とハイキング』一九三五年十月号より）カナダ、ブリティシュ・コロンビアの奥深い山中で昨日まで秋の盛りを味わい、今、新しい雪に衣替えしたアリューシャンの山々を眼下にしながら、尾瀬の秋を思い、北海道、自然が回復しつつある襟裳の秋を思い、栗山の秋に思いをはせている。

　バビーン川の秋は今が盛り。生命をまっとうした巨大なサーモンたちが最後の息を引き取る瞬間を足もとに見ながら、ポプラとバーチの黄金色と、針葉樹の緑をいっぱいに映した川の中に立ちつくしていると、原生の自然の示すあまりのスペクタクルにめまいを覚えるほどだ。バビーン・レンジの初雪を映した湖をインディアンのボートが渡っていく。喫水を深く沈めた後ろのカヌーから、狩ったばかりのムースの角がのぞいている。

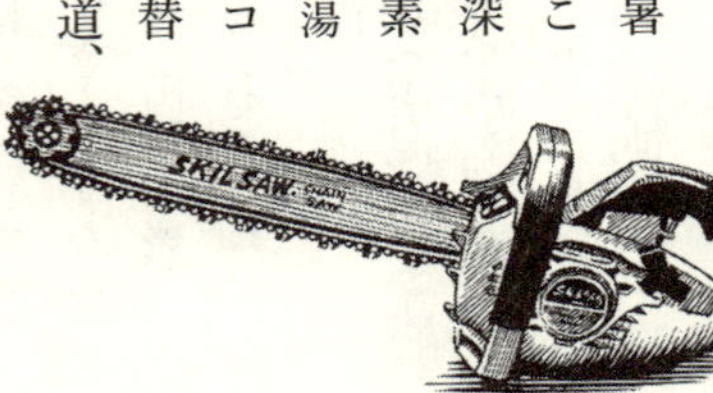

確かにカナダはまだ原生の自然を多く残している国といえる。

しかしロギング・トラック（木材運搬車）がひっきりなしに山道を下り、その伐採地でチェーンソーを前歯にしたブルドーザーがスプルースの巨木といっしょにロッジポールパインの若木を次々になぎ倒していく光景を目のあたりにすると、バルドイーグルやムースのすみかが次第に狭められ、楽園を追われつつあるのを強く感じる。来年は、そのカナダ、バンクーバーでハビタート（人間居住環境）という名の国連人間環境会議が開かれる。人が居住しやすいようにと原自然を捨て、自然改造を施してみても、長い目てみれば決して得にはならないことに気づかねばならない。

「温泉宿の大きな茅葺屋根が河原から立昇る湯煙の中に見えて、山畑の女達は、蕎麦《そば》刈る手を休めて他郷から来た人へ首を上げ、眼一ぱいにそのルックザックの姿を凝視するであろう。それは決して礼儀を弁えないの故ではない。都の人は、彼女等にそれほど、珍らしく慕しいのである。」「裏へ廻って栗山へでも入って行けば、もう其処《そこ》には土地人以外に逢う顔もなく、美人系を以て鳴り、しかも美事な伸び〳〵とした体軀を持って居る栗山の女達と語らいながら、沿道の鮮やかな紅葉を愉しみ、夜は泊り合わす客さえない静かな山の湯」（同前）そのままの秋を思い浮かべながらカナダからの帰路、機上で。

（75・11）

山と博物館

『山と博物館』。月に一度小さな茶封筒に入って送られてくるこの機関誌、それは宝物。郵便物の束の中にこの小さな宝物を見つけたときの幸福感を、私はいつも最大限に味わい尽くすことにしている。アメリカンコーヒーをカップいっぱいに満たし、椅子に座り直す。封筒を振ってその音を確かめ、明かりに透かして中味を確認する。一カ所とめてあるだけのホッチキスをゆっくり外して……。するといつも鹿島槍の双耳峰の夕陽に染まる雪面が浮かび上がり、博物館のアーリー・アメリカン風の建物が出現する。シェナンドー川やら茶色の小壜やら峠のわが家などというトラディショナル・ソングが耳に聴こえてきて、私の心の中に信濃大町とコロラドのジョージタウンがめちゃめちゃに入り組み始める。

『『近づく神の罰あたり。』これは仲の良いのもいいが、ほどほどにせよ。そうでないと何かの動機で仲たがいしたときは、裏切られた思いが強く、心の傷はいやしがたくなる。という祖母のつねづねの教訓であった。(略)いまや、昔ながらの山や渓谷は、ほとんど失なわれているのである。変容は人情風俗ばかりではない。そう思っていたほうがショックも小さくてすむ。まことに口惜しいことではある。(略)荒々しく削りとられ

た山肌もあらわに、スーパー林道が走り、あるいは、針葉樹と広葉樹との複合原生林がいつのまにか三角型に、矩形に伐採されてはげ山となり等々。冬は積雪でおおわれ、まさに神々の庭の深遠さを思わす山が、夏は傷だらけの半身となる。長男が幼児のころ、戸隠有料道路ビーナスライン建設工事中の地附山を指さし、お山が泣いているよ。といった言葉の適切さを思う。」（岡沢正義「近日雑感」一九七三年二月号より）

明治三十四年以来の風雪を耐えたあの旧大町南高校舎、そして今ひとかたまりのシラカンバに飾られて、鹿島槍や爺ガ岳と対峙する博物館にまた師走が巡ってくる。いつかこの年老いた建物が改築される日がきても、外観だけは今と寸分変わらない姿にとどめられることを私は願う。四百円を手に、次の年一年の『山博』購読料の支払いに、師走の汽車に揺られ、雪の坂道を登りつめたとき、あの建物ではない別の世界が存在したら……。私の耳にはもはや茶色の小壜のやさしい旋律はかえってこないに違いない。

（75・12）

山と餅

「昭和四年の元旦は吹雪で明けた。予想はしていたものの山の中の一軒屋にいて雪に降られるのは淋しい。元気を出して夏沢峠まで行ってみる。……今日は元日だ、町の人々は僕の最も好きな餅を腹イッパイ食い、いやになるほど正月気分を味わっていることだろう。……それだのに、それだのに、なぜ僕は唯一人で、呼吸が蒲団に凍るような寒さを忍び、凍った蒲鉾ばかりを食って、歌も唱う気がしない程の淋しい生活を、自ら求めるのだろう。」（加藤文太郎『単独行』）

正月、八ガ岳、餅。どうでもいいようなこの三つの言葉が、あまりにうまく垂線となると、そこにおのずと状景が浮かび上がってくる。でもなぜ餅が必要なのだろう。最近はスキー宿でも山小屋でも餅つきという行事を行なう。加賀の松任の餅屋をはじめとする山人（オオヒトやテング、カミなど）と村里の住民とが特別懇意になる話に必ず出てくるのが、餅と相撲である。

「始めて人間が神を人の如く想像し得た時代には、食物は今よりも遥かに大なる人生の部分を占めて居た。餅ほどうまい物は世の中には無いと考えた凡俗は、之を清く製して

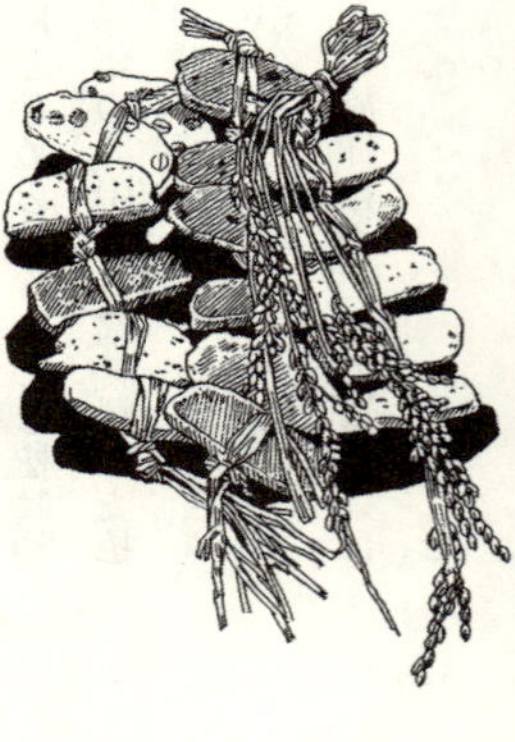

献上することに由って、神御満足の御面ざしを、空に描くことを得たろうと思う上に、更に其推測を確かめるに足るだけの実験が時あって日常生活の上にも行われたのである。我々の畏敬して止まなかった山の人も、米を好み殊に餅の香を愛したのであった。」（柳田国男『山の人生』）

餅と山とは、やはり親しげな関係にあったのだ。「……信仰の基礎は生活の自然の要求に在って、強いて日月星辰というが如き荘麗にして物遠い所には心を寄せず四季朝夕の尋常の幸福を求め、最も平凡なる不安を避けようとして居た結果、夙に祭りを申し謹み仕えたのは、主としては山の神荒野の神、又は海川の神を出でなかったのである。」（同前）

生活という実体の上にこそ、人のすべての行動が相応していく。山に入る心も、もとはといえば山の生活がそこにあったからであり、山の信仰がそれを支えていたからであろう。餅というひとつの食物が、日本人の土着の暮らしと、その心とにかかわりを持つ存在であったことは単に昔話の上だけではないのだ。多種多様な食品の氾濫の中でなお、山では今も変わらず餅がつかれるのだ。臼杵が残り、餅つく慣習が残れば人は何かを考え、何かに気づく。

雪晴れの池と森に餅つく音が響き渡ること、また山の人生。正月のしらびそ小屋で。

（76・1）

いま、大島亮吉

「彼にとって山には可能な限り個人的な行為として対峙したかったことの根本理念は、山を大切にしたかったことに尽きるようだ。同時に山への渇望、情熱といったものが無垢なる形而上的思惟に発しているせいかも知れなかった。すくなくとも彼が慶応義塾山岳部以外、ついに山とスキーの会にも日本山岳会にも入会しなかった理由もその辺にあったのであろうか。」この彼とはもちろん、大島亮吉である。

その「大島亮吉の主唱してやまなかった単独行、山への個性的態度、登山者の徳性（モラルサイド）などすべては学校山岳部のいちじるしい胎頭期に発せられた警告であった。以後本邦の登山界は学生の集団登山、大衆への登山普及など目ざましいばかりの拡張をとげた。高校（旧制）以上の各学校には山岳部が創立され、各地主邑には山岳会が設立されるし、山自体にも営業小屋が年ごとに数をます趨勢にあった。つまりは彼が探求し、規律してやまなかった《本邦山岳における登山者の態度》とはうらはらな変遷をとげていったわけだ。それは日本の山と自然を愛してやまない彼には絶望的な推移であり、ど

うにもやり切れない変遷であったにちがいない。」（安川茂雄『大島亮吉全集4』解説）

およそ山に登り、山について文を残す人のほとんどが登山とは何かについて一度は触れ、各自の登山態度を明らかにしている。それは十人十色。ただ幾筋かの太い潮流はある。そのひと筋に心情的な、あるいは文学的な流れをもっていること、とりわけ感傷的抒情的な色彩の濃いことが日本の登山のひとつの特色だろうか。これを形づくった脆弱な文化の質は今は問うまい。

ただ自然と人間との対決の上に築かれた文明を乗り越え、新しい哲学と価値観を創造しようと動き始めたホールアースの思想、ニュー・ライフスタイルの原動力は、登山という言葉では包含できないアウトドアーライフ全般をその範疇としつつ、人文科学と自然科学の融合を自然の中に求めようとしている。かつて大島亮吉氏が、真の登山者はそのあらゆる季節における山々の状態を研究し、知らんと欲するものでなければならぬ、というアーノルド・ランの言葉を引用した時点から、長い空白をへたのちに、今またよみがえろうとしているそれであり、世界のどの地のよりも日本のアウトドアーズマンに、登山愛好者に、要求される質である。

登山あるいはアウトドアーライフのすべてにおいて、行為は単独を意味する。大学山岳部がもう一度、胎頭期の発言者となりうるかどうか、興味深い。（76・2）

登山靴

湿雪の中を泳ぎ回った数日が、またノートの上のドキュメンツとしてしか記憶されなくなる旅の終り。

白い王国を脱けだし、残りの雪が水蒸気となって枯れ草の匂いをいっそう濃密にしている日だまりにテントを張り、旅の終りの一日と一夜を過ごす。ドームの中に差し込む午後の陽ざしが、雪の匂いに浸された道具たちを出発の前の乾きにもどそうと懸命に働いているのに……。雪に犯された五体はまだ都市の雑踏を思い出したりはしない。となれば、冬の名残りがまさに消えゆく最後の一日を克明に見とどけ、春と交代する瞬間を「いまだ！」と叫んでみようか。

ビブラム・モンターニュにラグソールをはりかえられたガリビエール・スーパーガイドRD、ウェルトの泥を落とし、水気をまだ残しているスムーズ・フィニッシュのアッパーにとりあえずレザーシール（Leath-A-Seal）を丹念にしみ込ませるのが今日の仕事。スノーシール（Snow-Seal）もスノーアウト（Snow-Out）もシリコンを改良して、靴を暖めたり、シール自体を溶かしてハケ塗りしたりするわずらわしさから解放されてきてはいるが、寒冷の野外で、手入れが簡単にできる点でレザーシールは長いト

レールの旅ではありがたい。
靴革の鞣《なめ》しがドライタンやオイルタンに分かれ、使用される皮革が多種になってきたこともあって、ブーツケアに対する意見に統一性が見られなくなってきている。新しい靴を購入する際は、その靴の手入れ法をしっかり聞いておかなければいけない。雪に浸り、汚れきった道具をウィークエンド・パックに詰め込み、手入れもせずほうっておくことが決してほめられることでないのはだれもが承知のはず。旅の最終日。都会の匂いがまだよみがえらない自然の中、雪原と都市との中間地点にテントの家を構え、生活用具たちの手入れに没頭する。そんな時間をもつことが旅の一番の素晴しさなのかも知れない。

靴。ロッククライマーにとってもバックパッカーにとっても、靴が一番大事なものであることは間違いない。なんといっても歩くことがそのすべてなのだから。にもかかわらず、登山というと行動するテレイン、季節におかまいなく、エベレストへ登るようなヘビーウエイト・ブーツがもてはやされ、ハイキングというとひどく軽い靴、ときにはスニーカーさえもが登場してくる。靴は自分の体重と荷重、また地理的状況のもたらす幾つかのファクターを合わせ考えるところから決定される。靴を選択するうえの基準は個人がおのおの認識しておかなければならない。（76・4）

焚火にかわって

「寒気がますます身にこたえてくる。じっとしていられないため、お茶をつくることにした。コンロをとりだし、どうにかこうにか二人の間にすえつけ、内側にメタを置いて、器に雪を入れた。しかし、これは子供じみた遊戯にすぎない。マッチを擦っても、すぐ風で吹き消されてしまう。マッチがうまくメタについても、今度はメタが吹き消されてしまう。マッチを使い果し、役にもたたないコンロを前にして、間抜けた顔をしていなければならない。」（レビュファ『星と嵐』）

太陽が雪の反射を強いものにし、穏やかな風が春の匂いを運んでくる。五月の稜線でのコーヒーブレークほど心楽しい時間はめったにみられるものではない。ホワイトガソリンをエネルギーとする小さなストーブ。体に似合わぬその饒舌ぶりがいっそう頼もしく感じられて、岩の上に腰をすえる時間をまた長くする。食事は変わりばえしないフリーズドライでも、太陽と穏やかな風がなによりの味付け。

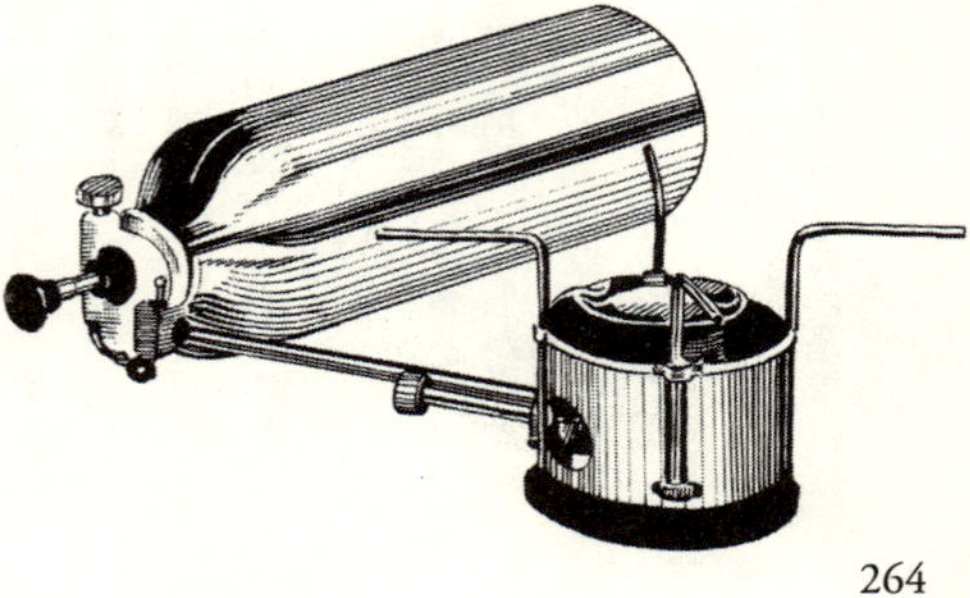

焚火を許されなくなった私たちにとって、ストーブの中にそれに代わる詩情を見つけたりできるのだろうか。可能でもあり、不可能でもある気がする。焚火の赤く、暖かい火を見つけている目には、ガソリンやケロシン、またブタンガスなどのアーティフィシャル・ファイアーは青く、冷やかなイメージとして映る。旅する者にいつも許されていた暖かな焚火。飲みものを作り、濡れた衣服を乾かし、そして人生を語るのに役立ち続けた旅人の友は、もはや私たちには遠いあこがれの存在となってしまった。私たちはあのジェネレーターから吹き上がる油の飛沫と燃焼の清潔さとを大事に育てあげていかなければならないのかもしれない。

新しい旅人の心の友はホワイトガソリンのバックパッカーズ・ストーブ。オプティマスに代表されるブラスの芸術に最近ユニークな発想のアメリカ製品が加わり、ブームとなっている。MSRモデルのストーブがそれだ。フュエルタンクとしてのシグのボトル（スイス製）の中に直接ポンプ・スクリューを差し込んでガソリンを吸い上げたり、プレヒートで石綿にガスをしみ込ませ、ライタースパーカーによって着火したり、軽量で簡便。なによりもそのメカニズムのユニークな発想と、それを支えるワークマンシップに感嘆する。このような製品が次々に登場し、多くの人がそれに親しむとき、焚火の神話から逃れた新しいアウトドアーズマンが誕生してくるに違いない。（76・5）

ナビゲーション

「ところが、前と同じように時計をくるわせた——六時間進め、あるいは六時間おくらせ、あるいは十二時間くるわせた——マガモを晴れた夜に放してみると、意外な差異があらわれた。星空の下では、三群が、時計の狂いとは無関係に、同じように北西に向かったのである。この実験は、鳥は太陽よりも星から多くの情報を得ることを教えてくれる。太陽はただ一個の参照点として役立つにすぎない。鳥やその他の動物が、いわゆる太陽コンパスによる方位選定をすることができるのは、体内時計の助けがあるからこそである。しかし、マシューズのマガモは、星を利用して、これとはちがう、もっと印象的な方位選定を実行していたのだ。この方法によれば、体内の計時機構が誤った時刻を告げるようになっても、方位の選定を誤まることはないのである。」(グリフィン『鳥の渡り』)

マガモが北極星のいくらか左を目指して飛ぶのだという実験の結果を人間の知覚に置き換えて考えてみるとき、方位を知る指標としての天体を含めて、自然そのものへの航法がいともあやふやなことに思い当たる。サーモンも長い旅を経験する。バイオロジカル・クロック、つまり体内時計がアニマル・ナビゲーションの基本として存在するからには、人間にとってもそれは同じ能力となって保存されているはずなのだが。

カービン・ラッツラムはその著『ウエイ・オブ・ザ・ウィルダネス』の中に優秀な探検家、ガイド、船乗りを対象にした、アメリカのある大学での実験報告を載せている。目隠した状態では例外なく円形のコースをたどり、右回り、あるいは左回りにと、目標まで真直ぐ歩けたものは皆無だったという例をあげて、方角に対する第六感が必ずしも正確なナビゲーションの資料にならないことを示唆している。

太陽あるいは星座の方角や地形を無意識のうちに心にとめておく能力、これがベテラン・ナビゲーターの秘密で、地図やコンパスを持たないビギナーに鳥や魚のまねを期待することはばかげている。渡り鳥は太陽や月や星を頼りに針路を定める能力を持つ。バックパックのトップフラップに付けられたマップポケットやショルダーに付けられたオフィスの中に収められた地図とコンパス。それを正しく駆使し、自身のレーダー・システムを確立するバックパッカーの旅。それはいつかミグレーションへの期待を抱かせるものがある。旅は渡りと同義語。（76・6）

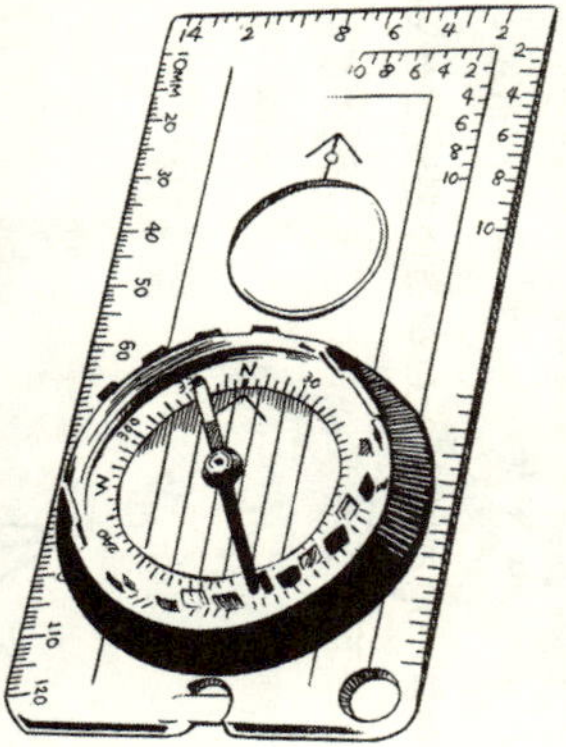

観賞から研究へ

「デイニカは小枝で休み、身体は周囲の大気にもなじんで乾燥し、身がぴんと張ってくるのを感じた。これは、彼女の身体全体を包んでいる薄膜、すなわち、きめ細かい皮膚が、背中で裂けようとしているのであった。そうなればデイニカは、空と水の美しさを、すべてひとり占めすることになるのだ。かげろうは、この最後の瞬間に、はかない恋に我を忘れるため、何も知らない若虫のころ、腐敗と暗闇の沈泥の中で、川の野菜である硅藻などを食べ、苦労しながら生きてきたのだ。いまや彼女は、復活した精霊であった。食欲はなく、水も食物も必要としないので、口は封印され、ただ、美しい軽やかな生きものとして存在していた。空中の生活のはじまったその日の夕暮れに、彼女は死ぬ運命にあったが、それは運命というよりも、むしろ報酬であった。薄膜は破れ、デイニカは生まれ変った。その翼はすき透った虹色であった。」（ウィリアムスン『鮭サラの一生』）

Stillborn Mayfly

この文はデイニカという名を持ったメイフライ（カゲロウ）が脱皮してダン（亜成虫）からスピナー（成虫）に変態しようとしている状景を写したものだが、渓谷を多く持ち、その渓に魚がすみ、水棲昆虫が生活している日本の山岳で、たとえばカゲロウの一生をしっかり説明した岳人は今西錦司先生を除いては見当たらない。これほど登山というものを愛する人間が多い国で、冬のカモシカがどのような食性を見せるのかとか、イヌワシの分布や個体数確認というような一番基本的な問題にさえ手がつけられていないということは、考えてみれば不思議な話だ。

登山が、山の木を切り、キャンプファイアーというものを楽しむためであり、酒を飲み、歌を歌って山の動物を追い払うためのものであるとするなら、だれも山へなど登らないことが望ましいはずなのだ。自然保護とか環境保全などの言葉を口にする前に、もう一度自分の生活、山での生活を考え直さねばならない。感性を、というより感傷性をむき出しにしたような現在の山登り術は最大のゼイタクであり、状況はそのようなゼイタクを許さないところまで来ているように思う。

バード・ウォッチングでも、アニマル・ストーキングでも、またフライフィッシングでもかまわない。とにかく、自然を観賞する立場から、観察し、研究する立場へまわるべきだ。というのも、それが山を楽しみ、本当に山の素晴しさを知る最適な方法だからだ。登攀のテクニックをみがくと同時に、活用する目的をもはっきりさせなければならない。

(76・8)

カヌーの旅

アンカレジの街を走っている車のうち二台に一台は、そのルーフにカヌーあるいはカヤックを付けている。ラフト（ゴムボート）によるホワイトウォーター・リバーランニングは大型のスポーツで、ベテランのガイドの力を必要とするが、カヌーによるツーリングや、カヤックによるアドベンチュアは自己の肉体あるいは精神の鍛練によって成り立つ個人的なスポーツである。バックパッキングを基調としたクワイエト・スポーツの中でも、カヌーイングはこれからのものとして注目を集めるに違いない。

サーフィン、ハンググライダー、CR（キャッチ・エンド・リリース）・フライフィッシング、フリークライミング、バックパッキング、バイクパッキング、クロスカントリー・スキーツーリング、スノーシューイング、カヌーツーリング。無駄なエネルギーを使用せずに楽しめるスポーツ。その多くはとりたてて目新しいものではないが、こうしてラインナップしてみると、なるほどと思える主張がそこに汲みとれる。

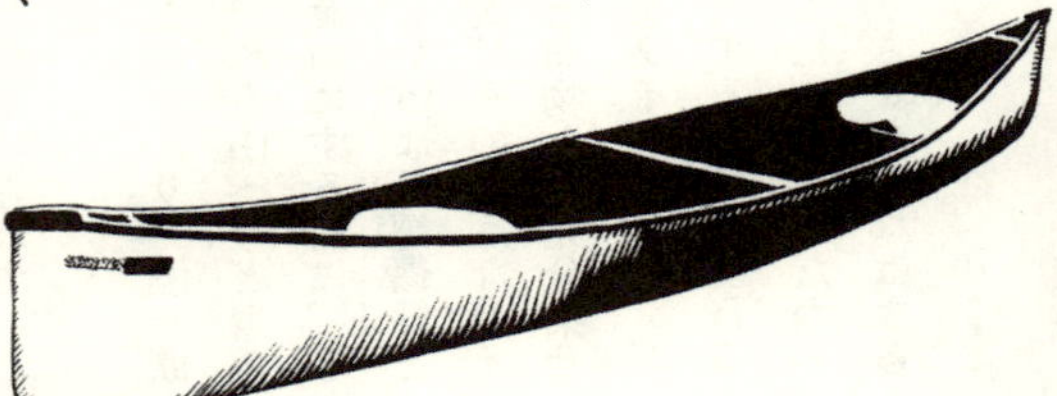

カヌー、あるいはカヤックを移動の武器とし、それにキャンピング・ギアを載せてのカヌーツーリングは、夏の旅として最高の楽しみといえる。ただ現在気になる問題が一、二ある。というのも、まだ日本ではカヌーとカヤックの識別もはっきりしていないという状況である。オープンデッキのカヌーと、スラローム競技に使用するクローズド・デッキのカヤックを混同し、あるいは同一視し、カヌーと総称してしまうのは、まず避けなければならない。

カヌーとカヤックの違いは、当然その行為と楽しみの違いを意味する。カヌーイングとカヤッキングは同じ水の上に浮かぶスポーツであっても性格を異にする。もちろん、それに要する用具も変わってくる。ロッククライミングとバックパッキング、あるいはダウンヒル・スキーイングとクロスカントリー・スキーイングの相違と同じことだ。カヤックの中にもツーリング・タイプはあるが、ツーリングには人間と荷物とを充分乗せ、転覆せずに安全に旅することを目的としたカヌーを用いるのが自然である。

これからのアウトドアーズマンがひとつのスポーツだけに固執しなくなるのは、はっきりしている。登山の神様のようなイボン・シュナードがサーフィンとフライフィッシングにその才能を発揮すれば、ヨセミテ登山学校のロイド・プライス校長もハンググライダーとフライフィッシングを愛する人間である。

（76・10）

クランポンと山靴

過ぎた春のことだったが、雪崩に巻き込まれて遭難したパーティーのニュースが例のごとく新聞、TVで報道された。遭難の遠因がクランポンの破損事故にあるということが、この事件をユニークなものにしていた。同じ製品の破損事故がほかにもあることもニュースとなった。確かに雪山でのクランポン破損は直接行動に影響を及ぼすゆゆしい問題である。

このニュースで一つ気になったことがあった。クランポンの材質、製造に触れて製造会社の名前が挙げられ、事故の原因は明白であるようにいわれたのだが、その被害者の履いていたブーツについては一言も報道されていなかった点だ。欠陥商品であると断定するための根拠の中には、正しい使用法を実践していたというデータが必要になるが、クランポン破損の場合、使用する靴の種類はその第一の問題だといえる。

リジッド・ブーツの使用はリジッド・クランポンには絶対の必要条件だ。スティフ・ソールのヘビーウエイト・ブーツが必要なのだ。底に体重、荷重が伝わるとセンター部に屈曲ができるような軟らかめの靴は、クランポンの金属の疲労を早める。雪と氷の冬山、アイスクライミングを志す登山者の靴がスティフ・ソールのブーツでなかったなど

とは夢々疑うものではないが、クランポンの欠陥による事故として扱われながら、使用していたブーツには一言も触れなかったそのニュースの態度がとても強い印象を私に残した。

登山用具。おおかたのそれは人間の知恵と各種の原材料とをもって、工場で形となる。それは時代時代で異る形態をとることになる。しかし自然の方はそれほどの変化がない。かつては鍛鉄の四本爪にそれほど硬くはない登山靴を履いていたのにだれも遭難などしなかったという言い方は当たらない。用具は時代とともにある。そのシステムを無視することは危険が伴う。十二ポイントのテクニカル・アイスクライミング用のクランポンの使用は、それ相応のシステムによらねばならない。シュナード、サレワを始め、数種のリジッド・アジャスタブル・クランポン（ヒンジ・アジャストでないタイプ）は特にリジッドソール・ブーツ・オンリーと指定されているほどだ。

用具は造る側にも使う側にもテストの必要を迫る。用具の完成度が高くなるほど、わずかな使用上のミスが命とりになる危険性も増すのだ。クランポンの選択、簡単にすませられる問題では決してない。（76・11）

自分の敵は自分

氷河を一度でも目のあたりにした人なら、雪と氷、あるいは自然という人間に対峙する存在があまりに巨大で優雅、侵すことのできない生命そのもののように思えてくるという経験を納得してくれるに違いない。「生命」「自然」「地球」「宇宙」という宗教が誕生した最近の文化革命は、多くの人間が氷河を自己の内にとらえられるようになった「旅」の結果なのかも知れない。人間の存在をはるかに凌駕する無邪気なまでの大自然も、それに投射する内部のデリバランス——「救出」の導入なしには単なる物理学の域を出ない無用の長物なのかもしれない。

ただし、その導入をすませた人間は、時として不思議な欲望の蓄財を願うことがある。これ以上同じ志の人間を増やしたくないと考えるのだ。スポーツというものが競技にすり替えられるのはこのためである。おそらく原点であろう雪と氷の壁を登る行為も、今やスポーツである以上、愛好する人間にとってはあまり仲間を多くしたくない遊びなのかも知れない。もちろんここでいう原点とは「北」の思想の、そして旅の思想のそれである。雪と氷の壁を登る行為は危険をはらむ。それゆえに、生存——サバイバルを自ら

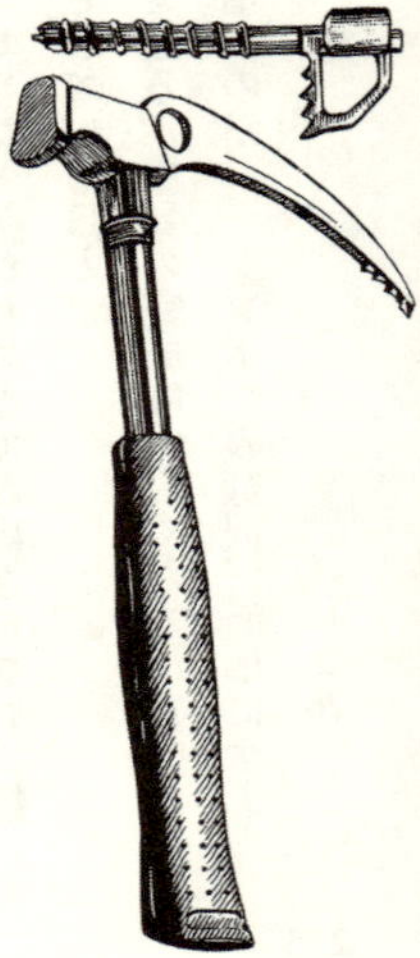

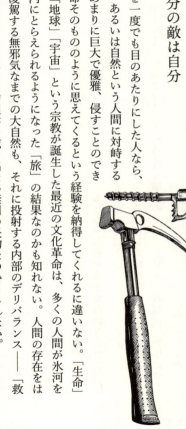

の内部に導入したいと願う人間としては、本来の目的である自然との闘争から神秘性と抒情性との隠語の世界へとねじ曲がっていく精神の質を自分自身が持ち合わせていることに注意を払わなくてはならない。

夏の岩を、冬の氷を垂直に登る技術は日々新しくなり、それを補助するイクイプメントも進歩する。かつてはクランポンの使用に抵抗のあった時代があった。今それはサバイバル・プラクティスのためのエッセンシャルと考えられている。爪が四本であろうと十二本になろうと変わりはない。アイスハンマーやアイスピトンも同じこと。問題はその使用がなぜ必要なのか、いかに正しい認識と使用法を身につけるかということにある。ただのアクセサリーに堕落しない限り、それらは前へ進むための武器となる。

「ペシミズムはなんら生存の助けにならない。」エコロジー運動を展開したクリフ・ハンフリーの言葉は自然と人間の関係を考えるとき大事な意味を含んでいる。エコ＝ヒューマニズムは人間に対してではなく、人間のうちで行なわれなければならない。俗流自然保護主張と感情過多環境保全主張のどちらも、人間のサバイバルにはプラスとなり得ない。正しい自然認識とそれに挑む正しい生存認識の双方があいまって初めて自然—人間の古くて新しい関係が成立する。「われわれはついに敵に対面した。それはわれわれであった。」（ハンフリー）

（76・12）

雪の中で過ごすことは

山に来れば、だれでも好天を望む。危険な状況に陥らずにすむという安堵感が心を浮きたたせて、山の風景の素晴しさを増幅させるのだろう。しかし本当の好天というのは実は単調なものだ。雪の季節がやってくると、荒れている自然がみせるひっきりなしの変化の様に改めて目を奪われる。山の本当の姿は冬の、そして荒れた様を記憶して語られるものかも知れない。それは同時に人間の矮小さを認識するに格好の時ともなる。自然に向かって思いきり挑戦し、自分の能力に自信を持ち、生きている実感を身体中で納得したいと思う、そんな躍動をもたらしてくれる究理の鍵を、あの雪雲が握っているのかも知れない。

「都会では今、自然の大切さがさかんに叫ばれている一方で、その都会人が設備のより整った宿を求め、スキー場もアルプスの中腹から頂上へと、赤く地肌をのぞかせた大スロープに集中し、シュプールをえがくこ

とを望んでいる。」

これは一九七六年十二号の『山と博物館』に載っていた栂池高原ロッジ・横沢洵氏の巻頭言の一節だが、自然を求めるために自然を破壊する都会生活の脆弱さを自分自身の中から追い払うことからアウトドアーライフの第一歩が始まる。

雪の中を歩き、雪の中を滑り、雪の中に眠る。自然の猛威があればこそ、そこは雪の王国なのだ。雪の中で過ごす一日の時間が楽なわけは決してない。というよりも、その厳しさの中に頭を、そして身体を投げ込むからこそ、そこが王国なのだ。設備のよい快適な宿をそこに求める脆弱さを、まず自分自身の中から追い払ってしまいたい。

と同時に雪の中を滑り、移動する機能性、機動性を無視し、いたずらに悲壮な態度をもって黙々と山中を彷徨するのも、また生命のダイナミズムとは異種の世界だと思う。雪のある山野を跋渉《ばっしょう》するに、スキー技術を無視することはナンセンスだ。あらゆる条件の中にも身を踊らせていけるだけの確実なスキー技術を修得し、赤肌のスキー場から早く遠ざかろう。マウンテニアリングの用具は急速に進歩している。超軽量のツーリング・スキーとビネルサ・タイプのクライミング・スキンを武器に、冬の星座を見に出かけようではないか。

（77・2）

バックパッカーの旅

また春が巡ってきた。日々のニュースの中に世界の気象が必ず入れられ、第四氷河期という言葉がひどく身近に感じられたこの冬の異常ぶりも、例年に変わらぬ春の匂いに満たされてみると、また遠い出来事のように思えてくるのだ。

雪が消え、霜に浮き上がった土ももとにもどり、枯れ草の生命力に再生を考える。鳥は帰り、人は旅にさまよい出る。夜の暗さに打ち勝とうと決意したバックパッカーがまたひとり、思索のために丘を登ってゆく。四月はすべての生きものにとって親と子の離れのときなのだ。旅のとき、放浪の季節の始まりなのだ。

「私たちは、いまや分れ道にいる。だが、ロバート・フロストの有名な詩とは違って、どちらの道を選ぶべきか、いまさら迷うまでもない。長いあいだ旅をしてきた道は、すばらしい高速道路で、すごいスピードに酔うこともできるが、私たちはだまされているのだ。その行きつく先は、禍いであり破滅だ。もう一つの道は、あまり《人も行かない》が、この道を行くときにこそ、私たちは自分たちの住んでいるこの地球の安全を守れる。そして、それはまた、私たちが身の安全を守ろうと思うならば、最後の、唯一のチャンスといえよう。」（カーソン『沈黙の春』）
バニシング・ポイントに立たされている存在は多い。というより、現代というものが、あるいは文明そのものが、その危険の中にあるといえるだろう。
「私たちの住んでいる地球は自分たち人間だけのものではない――この考えから出発する新しい、夢豊かな、創造的な努力には、《自分たちの扱っている相手は、生命あるものなのだ》という認識が終始光りかがやいている。」（同前）
バックパッカーの旅は、〝この生きているもの〟を相手に、その包含主である自然と人間存在との間のジレンマの壁を取り除くための資料を集めて回る地味な活動であらねばならぬ。人間生活の健全性とは何か、それにいつか、いや、なるべく早く答を出さなければならないのだ。土と樹々と鳥と虫、その世界との間に橋をかけることこそがヘビーデューティ・ライフなのであり、バックパッキングの喜びなのだ。

（77・4）

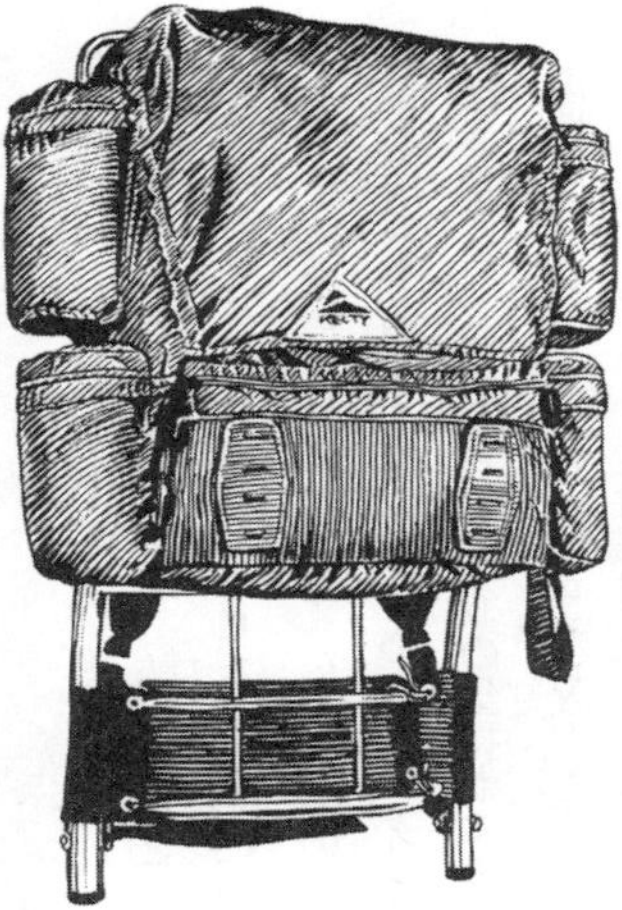

海へ

イボン・シュナードの自宅を訪ねたことがある。太平洋の岸辺だった。ベランダから、はだしのまま石ころの浜へ降りる。すぐに砂浜が続き、荒波が打ち寄せていた。サーフボードを持った波乗り人間たちの王国だった。

登山用具を製造する自らの会社に、グレート・パシフィック・アイアンワークスと〝海〟のイメージを命名した彼の気持がくみとれたような気がした。

海、空、岩、みな同じ質の存在なのだ。対決すべき大自然。その巨大さに常に挑戦していたいのが本来の人間の姿のはず。岩男ロイド・プライスのハンググライダーもまた同じ。彼はパラシュートをつけて空へ舞い上がってゆく。挑戦すべき自然を自分のうちに捕えている男たちは、みな等しくやさしさを感じさせる。この日本の中でそうしたやさしさに巡りあう機会が少ないのは、やさしさを女々しさと思い違いするほどに、すでにやさしさを失ってしまった脆弱な風土のせいなのだろうか。

「あらゆる自然の力のうちで、重力はもっとも神秘的かつ無慈悲な力である。重力は人間の生活を、生まれてから死ぬまで完全に規制し、ちょっと滑って転んでも、殺したり傷つけたりしかねない。いわば人間は、重力によって地球に縛りつけられた奴隷なのだ。

人間が、空とぶ鳥や雲をものほしげに眺めたり、空を神の住居と信じてきたのも、当然だろう。」（クラーク『未来のプロフィル』）

昆虫も鳥も魚も重力を気にせずに生きているのに、人間は重力に左右されて暮らしている。『「天にまします神』という言葉それ自体が重力から解放された自由という意味を含んでいる。そしてその自由はごく最近まで、夢の中でしか体験できないものだった。」（同前）

空を翔び、波にのり、岩を垂直に攀じる。それは自身の解放と自由を求める行為。重力からの解放あるいは自由という未来現実をめざしての挑戦は、現在現実の中で心の解放あるいは自由を確実なものにしている。

ダイナミックに、限りなくダイナミックに生きていることの証しを求めるクライミング、それこそ未来人の希望を持った生命の躍動なのだ。

海へ、五月なのだから。

（77・5）

雨の季節

水の粒子が常に大気中に満ち、青い霞がたなびき、樹皮の香りが一面に漂い、かすかに葉のこすれ合う音が聞こえてくる。数少ない針葉樹の原生林。それは海と山、そして風が造り出す雨の王国。深くえぐられた谷と白泡の急流。そして宝石のように透明な池。倒木のじゅうたんと、それを飾り立てるコケ類の軟らかな感触。

六月は雨の季節と、都会に暮らすだれもかれもが、うんざり顔であいさつし合う。湿気がたまらないという。長い梅雨の季節は確かに憂うつだ。雨はいつも悪者にされる。長雨、そして洪水。日照時間が足りず、稲作に悪影響。舌打ちし、うらめしげに空を見上げながら、雷の鳴る日を待つ。

巨大な大陸の縁に引っ掛かっている小さな島国の中で毎年同じ時期に同じうらみの言葉を吐きつつ、次第に人は年老いてゆく。いや、年老いてゆく自分に気づかない。

太平洋をまたいだ対岸では、セコイヤの大樹が百メートルの高さに生長し、「永遠に生きる」シンボルと畏怖され、また敬愛される。雨だけではない。自然というものすべてに対し、人は常に身勝手に、その対照の極を思い、あこがれる。夏には冬の寒気を、そして冬には夏の解放感を。雨もまた同じだ。それがなければこの緑の世界は存在しないというのに……。

針葉樹降雨林のオリンピック国立公園と砂漠の死の谷とを合わせ持つ新大陸の旅が、その湿度と乾燥の両極を考えねばならないのに比べれば、この太平洋イースト・コーストの島国での心配ごとは、ただひたすら雨と湿度だ。

テントにせよクロージングにせよ、雨と湿度の問題を解決しないことには、日本の旅に快適さという言葉は登場しない。外部からの濡れをシャットアウトしながら、同時に内部の熱による蒸れを押さえることが雨具に課せられた宿命だろうが、これほど矛盾に満ちた問題はほかに見当たらないのではないかと思うほどの難問。ようやく最近になってバクフレックスやゴアテックスなどのニューマテリアルが登場して、今度こそは解決か、と希望を持たせてくれそうな雰囲気。それにしても雨の国、日本からオリジナルが出ないのはなんとも寂しい。

雨は上がり、また岩が顔を出す。

（77・6）

岩の上の瞑想

吹きあげてくる微風がみぞおちあたりを流れる汗を冷やし、心地よい昼のひとときとなる。下方に広がる世界は水蒸気の上昇のせいで薄青白い靄《もや》の中。夏なのだ。腰の周りをロープが滑り、かたわらの岩の上に、周囲とはどことなく不釣り合いな鮮やかさを持ったロープが少しずつ積み上げられていく。岩の上に座り込み、下から登ってくるもうひとりの人間のことを瞬時忘れて、瞑想の世界へ入ってしまう。

「西洋のめぐみは社会革命だった。東洋のめぐみは基本的自己／無についての個人個人の洞察だ。両方とも必要だ。両方とも仏法において伝統的な三つの側面にふくまれている。知恵（prajña）、瞑想（dhyāna）、道徳（sīla）だ。知恵が直感的に知ることは、ひとのエゴに駆りたてられた不安とか攻撃性の下によこたわっている愛と明快の精神だ。瞑想は精神にはいってこのことを自分自身で見ることだ――くりかえしくりかえし、ついにはそれがそのなかにあなたが住んでいる精神になってしまうまで。道徳はそれをあなたの生き方にもどす、個人的実例と責任ある行動をとおして、究極的には『あらゆる生きもの』のほんとうの共同体（saṅgha）をめざす。このさいごの側面のいみは、わたしのかんがえでは、自由で、国家を超越した、無階級的世界をめざすことのあきらかなあらゆる文化的また経済的革命を支持するものだ。」（スナイダー『地球の家を保つには』）
岩の上の世界はインテリジェンスとインテレクチュアルのふたつの知恵が合体する場なのだ。瞑想を持たない知識など、はかないものだ。修験者が岩の頂を目指したのは当然といえば当然の結果といえる。

「ながいことユダヤ的資本主義的キリスト教的マルクシズム的西欧では禁止されていた世界の肯定だ。それは知性と学問の尊敬をいみするが、個人が力をもちたい欲のためとか手段としてではない。自分の責任において仕事し、しかも集団ともよろこんで仕事する。『古い社会の殻のなかに新しい社会をかたちづくる』」（同前）シュナードのクライミング・パンツを履いたヘビーデューティ・クライマーの瞑想はなお続く。

（77・7）

自由を求める燃焼

「ぼくは、何か新しい服従規則、法律、約束などに加担したくて山に行くのでもなければ、山に住みたいと思っているわけでもない。」（ハーディング『墜落のしかた教えます』）

ロッククライミングの道徳観とか倫理観というものが、いつも視野の狭い、純粋ではあるがエリートぶった、とても感情的な発言の中に展開されることが多いので、それはもしかすると、そのバックグラウンドになっている岩壁の狭い割れ目と一脈相通じるものがあるのかも知れないなどと、またいやな考えが浮かんでくる。息を整えながら雑念を払いのけようとすればするほど、そんな狭い世界が気になってくる。空はあくまで高く、広く、そして自由であるというのに！

岩を攀じることが限りなく〝自由〟を求める生命の燃焼であることは疑いもない。サーフィン、ハンググライダー。空も、海も、そして山岳も、その自由を求めるグラウ

ンドとして雄大な存在であることが望ましい。

「ヨセミテ峡谷でのこうしたルート――リーニング・タワー、ハーフ・ドーム南壁、曙光の壁――には共通の特徴がある。大きくて、つるつるで、ボルトを多用しなくては登れないルートだということだ。ぼくは粗雑というか荒っぽいというか、こう思ったんだ。『よし、何でも使ってやるぞ。これは、ぼくが登りたい壁なんだ!』」(同前)

ウォレン・ハーディングはいつも誤解されている。偉大なるボルト人間などとうわされた彼の心の中にある本当に純粋な登攀精神、これこそ自由を求め続けるクリーン・クライムそのものの姿なのだ。

「既成のルートにさらにボルトを打ち足した覚えなんかは一度もない。ぼくは数多くの初登攀をやっているが、いつも能力の最善を尽くして、この基本を守ってきた」と自負するハーディングの心の中に、彼への評価とはうらはらに、真のクリーン・クライマーとしての清潔な挑戦精神を認めたい。

瞑想的な、そして真に道徳的な登攀を目指すクライマーたちの求めるものが〝自由〟以外の何ものかであり、常とう的な倫理観で規制された枠内で志向するだけのものになることを、自分の足もとにはただ空間が広がるだけの垂壁に立つことよりも恐ろしく、危惧する今年の盛夏である。

(77・8)

サニーサイドの住人

水気のないヨセミテは見慣れない風景で、なんとなく荒《すさ》んだ感じがする。しかしサニーサイドにはまだ〝住人〟たちが何人かねぐらをかまえていて、相変わらずの気違いぶりを見せてくれた。サニーサイドの奥にある野外ジム、つまりハーディングの時代からの伝統的社交場である岩陰の私設アスレチック・フィールドの現在の管理者は、ナイロン・テントの上に二重にプラスチック・タープをかけた〝家〟に住むワーナー君だ。

彼はもう九年間、この家を動かない。雪がくればここからバジャー・パスへ出かけてスキーをやっている。ワーナー君のジム・テクニックはそれこそサーカス芸で、筋肉を始め、人体のあらゆる器官をトレーニングする。午後になると彼は、それぞれのグラウンドのクリーニングに出かける。汗とチョーク、それに石屑が次第にホールド・ポイントを危険なものにしている。だから掃除してやらね

ばならないと、この西ドイツ生まれの〝住人〟は言う。だれのために？
ヨセミテ・クライマーの気質も時代とともに変わっていくものだろうが、ひとつだけ変わらないものがある。それは〝他人の目は問題ではない。クライミングする心というのは、みずからの人間性を問い続けるためのひとつの手段〟とする考え方だ。登りたければ登ればいい。その方法も手段も、各人の心の充足感と照らしあわせて考えればいいことだ。ヨセミテの壁は攀じろうとしてそのボトムに立った者のみにその全容を見せてくれる。

秋がきて、ビッグ・ウォールのビバークの灯が流星の下に赤くともるころ、また一人死線を乗り越えたクライマーの瞳を持った男が誕生する。その下地は規制や倫理とは別の個人の質にかかっていることは間違いない。壁を攀じる。ただそれだけなのに、なんと深い本性を内包していることか。

ダーウィンは人間の精神的特性の一つとして〝人間はいつも非常に変化に富んだ道具を使い、また作る〟と考えたが、ハーディングは「現在売られている道具の新工夫とか、限りない多様性には、言うなれば一つ欠点がある。つまりこれが商売の道具にされているという弊害」（『墜落のしかた教えます』）であるという。秋の陽ざしを受けたフォレストのビバーク・ハンモックの本当の意義は……。

（77・10）

アイデンティティー

「われわれは、地面にへばりついている——なんとまれにしか、登らないことであろう！　われわれはもうすこし、われわれ自身を高めることができるのではあるまいか？」（ソーロー『市民としての反抗』）

ウィルダネスを独りウォーキングすること、あるいは独り岩壁を攀じて高みに達することのうちにある真摯な自己洞察が、ある種の肯定的ないしは良質のアイデンティティーを青年にもたらすひとつのきっかけになることは、おそらくいつの時代においても間違いないといえそうだ。

〝独り〟ということの中に、確かに周囲の世界に充満している同調主義と、自分が基本的にかけ離れた存在であるという一種のみせびらかしが存在するのだろうが、それは決して否定的なものではない。少なくともその当人にとっての問題においては……。こうした「非同調主義こそ、逆に友愛を求める嘆願の象徴」（エリクソン）であるとするなら、ソーローが「教会と国家と人民の外にある、言わば第四階級」と呼んだこれら聖地探求の旅に出る資格をもった青年たちをアウトサイダーと呼ぶことは不可能であろう。

精神の自立が狂気としか思えぬほどに恐ろしい真実であったソーローの時代と変わる

ことなく「人類の伝統と習慣の総体に自分の精神を対置」（酒本雅之）させる同じ拒否の姿勢をもった現在の青年たちの間に、いってみれば巨大な文化的統一体の中での反動的抵抗のエネルギーを見いだすことこそ「次の世代におけるアイデンティティの形成に寄与するような力強い理想像を提供することができないという、古き世代の側における責任の欠如の問題を、看過してはならない。」（エリクソン『アイデンティティ』）ということにもつながってくる。

都会を離れて自然の中へ。森の中へ、そして岩の壁へ。季節もいっそうの負担を強いる雪の世界へ。冬の始まり、十一月。おそらく最も美しい落日はこの季節にある。それはウィルダネスの中でも都会の中でも同じことだ。

アックスとクランポンを装備して雪の岩を攀じる。冬の栄光。その生命の充足を自らのものとするためには、〝独り〟の練習と研究と自信が必要となる。

（77・11）

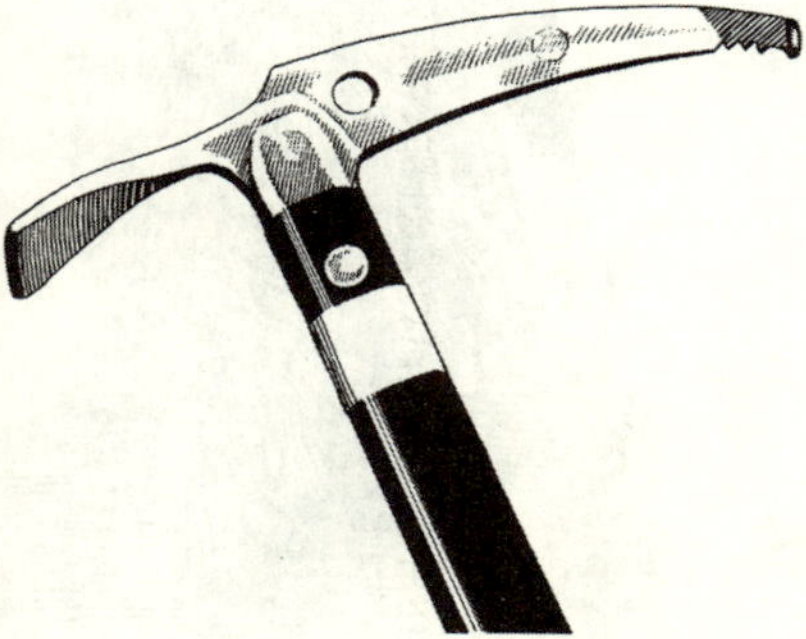

共同体への憧れ

「現代の大衆的人間は群衆の一部ではあるが、孤立して孤独である。彼は他人とわかち合える信念を持たず、コミュニケーション・メディアから得るスローガンやイデオロギーのみを持っている。彼は原子となり、共通ではあるが、同時にしばしば矛盾する利害関係と、現金を媒介にした関係によってのみ、他人と結びついている。」（フロム『破壊』）

いつの日も人間には、自分のあるべき位置と円滑な対人関係が約束されながら、同時に一般的な価値観あるいは観念によって支えられているような、ひとつの体制が必要なのであろう。今、私たちが逃れたいと考えているような社会――〝ソサエティ〟ではない、もっと、きずなというものを大事にした共同体――〝コミュニティ〟への憧れはさらに強く、さらに強固になっていく。

しかし、その共同体は「常に独り行き、常に独り歩す」自己をみつめた個人たちの集合でなければなんの意味もない。「内的な宇宙の無限の光を抹殺した孤独な現代人は、万象をつなぐ無限のきずなからすっかり孤立し、荒涼たる不毛の地にただ一人立たされているにひとしい。生きとし生けるものが、地球をめぐる生命的な輪に結ばれ、いつも鼓動しているにもかかわらず、ひとり魂を失った人間だけが、その輪舞のそとに疎外され、愚かにもすべてを物質としてみてしまったのだ。文明の没落とは、このような生命力を失ったことにほかならないのである。」（弟子丸泰仙『禅と文明』）

自然の中に身を置くことの歓喜を感覚する人間は、創造的生命力の持ち主であろうと考えるのは少々買い被りすぎであろうか。そして、純白の雪にまた覆われた十二月の斜面は自らの精神世界を映す鏡でもあろうか。（77・12）

引用文献

『禅ヒッピー』ジャック・ケルーアック著、小原広忠訳、太陽社、一九七五年刊。

『山に入る日』石川欣一著、中央公論社、一九二九年刊。『可愛い山』石川欣一著、中央公論社、一九五四年刊、新書。『日本山岳名著全集8』全十二巻、あかね書房、一九六二年刊にも収録。

『山河おちこち』西岡一雄著、朋文堂、一九四七年刊。

『山と渓谷』田部重治著、第一書房、一九二九年刊。新潮文庫、角川文庫にもあり。

『登山と植物』武田久吉著、河出書房、一九三八年刊。『日本岳人全集』日本文芸社、一九六九年刊にも収録。

『登山とハイキング』大村書店、一九三五年創刊。石川欣一「私の山」、『登山とキャンプ地案内』誠文堂、一九三四年刊に収録。

『自然と山と』今西錦司著、筑摩書房、一九七一年刊。

『山——研究と随想』大島亮吉著、岩波書店、一九三〇年刊。『大島亮吉全集2』全五巻、本郷常吉・安川茂雄編、あかね書房、一九七〇年刊にも収録。

ハンス・モルゲンターレル「頂に立つの幸福」大島亮吉訳、「登高行」第四年、一九二三年刊。『大島亮吉全集2』に収録。

『わが山山』深田久弥著、改造社、一九三四年刊。『深田久弥・山の文学全集1』全十二巻、朝日新聞社、一九七四年刊にも収録。

『森の生活』は『アメリカ・ルネッサンス序説』酒本雅之著、研究社、一九六九年刊の中の引用文より。全訳は『森の生活』上・下、ヘンリー・デーヴィッド・ソーロー著、神吉三郎訳、岩波書店、一九五一年刊、文庫。

『スキーの山旅』田部重治編、大村書店、一九三〇年刊。

『日本山岳研究』今西錦司著、中央公論社、一九六九年刊。

『燃えつきる火のそばで——シートン伝』ジュリア・M・シートン著、佐藤亮一訳、早川書房、一九七一年。

『登山靴とスキー』ヘンリー・ヘーク著、横川文雄訳、朋文堂、一九六〇年刊。

『TMC報告』2号、千坂正郎「ニウを繞る」東京山旅倶楽部、一九三七年刊。現代登山全集『八ガ岳』創元社、一九六一年刊に収録。

『毛鉤釣教壇』金子正勝著、釣之研究社、一九四一年刊。

『山の博物誌』西丸震哉著、実業之日本社、一九六六年刊。

『人間の土地』サン=テグジュペリ著、堀口大学訳、新潮社、文庫。

『山の明け暮れ』黒田米子著、第一書房、一九四二年刊。『日本山岳名著全集8』全十二巻、あかね書房、一九六二年刊にも収録（黒田米子は旧姓・村井）。

『山と博物館』月刊、大町山岳博物館発行（長野県大町市、電話〇二六一-二二-〇二一一）

『単独行』加藤文太郎著、朋文堂、一九四一年刊。

『山の人生』柳田国男著、郷土研究社、一九二六年刊。岩波文庫にもあり。

『星と嵐』ガストン・レビュファ著、近藤等訳、白水社、一九五五年刊。新潮文庫にもあり。

『鳥の渡り』ドナルド・R・グリフィン著、木下是雄訳、河出書房新社、一九六九年刊。

『鮭サラの一生』H・ウィリアムスン著、海保真夫訳、至誠堂、一九七二年刊、新書。

『沈黙の春』レイチェル・カーソン著、青木簗一訳、新潮社、一九七四年刊、文庫。

『未来のプロフィル』アーサー・C・クラーク著、福島正実・川村哲郎訳、早川書房、一九六六年刊。

『地球の家を保つには』ゲーリー・スナイダー著、片桐ユズル訳、社会思想社、一九七五年刊。

『墜落のしかた教えます』ウォレン・ハーディング著、新島義昭訳、森林書房、一九七六年刊
『市民としての反抗』ヘンリー・デーヴィッド・ソーロー著、富田彬訳、岩波書店、文庫。

『アイデンティティ』E・H・エリクソン著、岩瀬庸理訳、金沢文庫、一九七三年刊。

『破壊』上・下、エーリッヒ・フロム著、作田啓一・佐野哲郎訳、紀伊国屋書店、一九七五年刊。

『禅と文明』弟子丸泰仙著、誠信書房、一九七六年刊。

芦澤さんのこと

寺﨑　央

芦澤さんとのおつき合いは、もうかれこれ十四年になる。ボクがある雑誌の新米編集者であり、彼がその雑誌の割付けを一手に引き受ける、フリーのアート・ディレクターであった時が、そもそものはじまりである。

当時の芦澤さんは編集室の一角に作業用の机を置き、われわれの雑誌のみならず、同じ社で出版している他のいくつかの雑誌の割付けも、同時に行なっていた。むろんその席にいない時は他社の仕事に出ていたわけで、とにかく、あれだけ大量の仕事をよくもまあこなすものだと、その精力的な仕事ぶりにただ感心するばかりであった。

だから、仕事以外の言葉はほとんど交したことがない。この何頁はこういうテーマであり、写真はこれとこれを大きく扱う以外は好きなようにしていただいて結構、原稿の分量は約どのくらいで。ＯＫ。しばらくすると、できたよ、と声がかかる。で、次なる頁は、とまたもや説明にかかるというぐあいだ。バカ話のひとつやふたつ、その間に交しているに違いないのだけれど、どうしてもそれが思い出せない。それほど、あちらもこちらも、ただバタバタと忙しくしていただけだった、といえるのかもしれないが。

いや、それより、私的な部分を仕事場では一切出さないようにしていたのが芦澤さんだったような気がする。だから、ずいぶん乾いた感じがしたし、夜ごと仕事場と赤提灯を往復しては憂さばらしに喜々としていたわれわれ編集者には、なんだかつき合いづらい人間に見えたことも確かだ。芦澤さんは酒を飲まない。飲まないから酔っぱらって、言わでもいい心情を吐露するような馬鹿なこともしない。だからつき合いにくい、と、こう短絡にいくわけである。

ただ、わずかに私的な部分を垣間見るというか、推察できるのが、いつも片手にかかえている何冊かの本である。あのいつも忙しい人が、よくもまあ本を読むなあ、偉いなあ、見習わなくっちゃなあ、というのが感想で、その本の表題なり作者名なりを目にとめることによって、彼の内面に多少踏み込むことができたわけだ。コリン・ウィルソンやビートニクの作者のものが多かった。

ボクがサラリーマンを四年間でやめ、フリーで単行本や雑誌の構成をしたり、雑文を書くようになってから、芦澤さんとのつき合いは深くなった。ボクの請負った仕事の割付けの部分を、ずいぶんお願いすることになったからだ。そして芦澤さんが熱中しているものが、スポーツ・フィッシングであり、自然に入ることであることを知ったのである。ボクのルアーやフライによる釣り（最近はフライ一本に絞っているが）の趣味は、この頃の芦澤さんの手ほどきの結果である。これは伝染病のようにボクの仲間たちにも広がり、一時は、芦澤さんを会長に戴いた釣りクラブまで生まれるということになった。いまでは名前だけが残り、全員徒党を組んで出かけるということはなくなったけれど、それぞれ大事な趣味として楽しんでいるのに変わりはない。

芦澤さんが『山と溪谷』の表紙のデザインをはじめた頃には、ボクとの仕事の関係は薄くなっていた。しかし、はじめは仕事の話しか交さなかったというのに、その頃から逢えば釣りの話しかしなくなってしまったのだからなんとも不思議である。これはいまでもそうだ。

ところで、表紙の仕事をはじめたことについて、これは手段であって、本当の目的は、山と溪谷社の資料室に保管されている貴重な山の本、自然の本にあったのではないかとボクは見ていた。かつてボクのサラリーマン時代に垣間見た彼の読書志向、それからの自然を相手とした生き方を見ていると、どうしてもそうなるのである。果たせるかな、毎月の「表紙のことば」にそれは表われていた。自然の中に入りつつ、自然と人間についても研究を深めてゆき、その間を行きつ戻りつしながら、もう一度生き方を確認してゆくというやり方がそこにはある。いってみればほんのコラムでしかない「表紙のことば」ではあるけれど、こうやってまとめてみると、その感をなおさら深くするのである。

しかし、自然を書くというのは大変なことだ。覚悟がいる。利巧な者はその愚に及ぶことはしない。愚かにも自然を書いてしまった者に、辛辣な言葉と皮肉な微笑みを返すことだけは確実にやってくれるのだ。

愚か、というのはいささか卑屈な態度かもしれない。でも、必ずこう言い出す者がいる。自然の保護だ、保全だと騒いでいるヤツに限って自然なんてなんにも考えちゃいない。森林について考える？　笑わせないで欲しい。森林について考える、と鉛筆で書いたその紙は一体何でできていると思うんだい。切っちゃいけないと叫ぶ森林の木でできているんだぜ。書いた鉛筆だってむろんそうだ。そんな寝言のために、カナダの森林は今日も伐採され、パルプとして日本に送られてくるんだ。森林について考える、なんて書かないことが本当に森林について考えることになるんだってことがわからないのか、この愚か者め。いやそれでもなんじゃら書きたいというのなら、ご勝手に。ただし偉そうなことは書かないのが身のためよ、ホント。

こういう論法でこられては防ぎようがない。見方が新鮮そうに見えるだけに仕末が悪い。サーファーがボードの勝手な流れを防止するために、ボードと足首をつなぐパワーコードを使っているが、その様子を見て、『ルーツ』の黒人奴隷の足枷みたいだ、連中はアメリカ資本主義の奴隷なのよね、という論法と同じなのである。新鮮でおもしろそうに見えるけれど、仕末に悪い。

自然を書くことは大変なことだ、というのはそういうことなのである。問題を避け、さわやかに自然を詠っているぶんには何事も起こらないし、問題をおもしろおかしく茶化し気味に扱っているぶんには結構受けるけれど、まじめに、なんとかみんなの心の中に自然を大切にする気持を喚起させようとすると、いちゃもんをつけてくるのである。声高に、いやらしく叫んでいる人もいないではないが、大方の場合、自分もそうしたい、みんなもそれを忘れないようにしよう、というやさしさから生まれてくるものだと思う。

芦澤さんは自然を書いている。その中での人間の生き方を書いている。そしてそれはあまりにもまじめで無防備だ。だからいちゃもんをつけられている、とは思わないけれど、その余地は十分にある。しかし、なにもしない、なにも書かない、で自然の破壊を防ぐことができるのだろうか。書いたって防げるものじゃない、という声がどこやらから聞こえてきそうだけれど、少しでも多く書き、喚起される人が増え、そしてその輪が広がってゆくことのほうが、なにも書かないよりは数等いいに決まっている。楽観主義といわばいえ、である。山の頂に立って、空カンの山、ペンキのなぐり書きは、だれだって見たくない。見たくないのだからそれはやめようと言っているだけなのだ。それじゃ立看板と同じだ、というのなら、それもよしである。

案外、芦澤さんは、あの小さなコラムを立看板に見立て、自然を書くというよりは、自然と対峙した時の注意書を、自分の心に向けて読ませていたといえるかもしれない。多くの引用文はその証拠ともいえる。

ところがそれが、はからずも、読者の側に、読むべき本としての紹介の効果をあげているなあ、と思ったのはボクだけじゃない。だから、あえて巻末では、引用文献の出典を明らかにし、機会があればぜひ読まれんことを期待しているのである。ボク自身、読んでいない本ばかりだし、読んでみたい本ばかりである。いまでは手に入らないものも相当あると思うけれど、なんとか捜してみよう。それもまた楽しみではないか。いるかいないかわからぬ岩陰のヤマメを、毛鉤でたんねんにさぐるのと同じ楽しさだ。それだけに鉤先にかかった時の喜びは、耐えがたいものである。

そういえば、釣りの師匠である芦澤さんとは、ここ二年ほど釣行を共にしていない。不肖の弟子ではあるが、近くもう一度教えを乞おうかと考えている。

なお、挿画をお願いした斎藤融さんは、やはりボクの十四年来の友であり、芦澤さんともじっ懇の間柄である。しかし、いくら誘っても釣りには乗ってこないのがおもしろい。芦澤、斎藤コンビではすでに『遊歩大全』が刊行されているので、まだ読まれていない方にはぜひおすすめしたい。と同時に、芦澤さんのその前の著書『バックパッキング入門』も合わせて読まれんことを。

（『自然とつきあう五十章』所収）

寺﨑 央（てらさき・ひさし）

一九四三年生まれ。「MEN'S CLUB」編集部を経てフリー編集者となり、「平凡パンチ」「Made in U.S.A. catalog」などの編集に携わる。以後、「POPEYE」「BRUTUS」ほか多数の雑誌の編集、執筆に活躍。若者文化に大きな影響を与える。二〇一二年死去。代表的な仕事が『史上最強の助っ人エディター　H・テラサキ傑作選』（二〇一三年・マガジンハウス）にまとめられている。

アウトドア・ものローグ

二〇一七年十月三十日　初版第一刷発行

著　者　芦澤一洋
発行人　川崎深雪
発行所　株式会社　山と溪谷社
郵便番号　一〇一－〇〇五一
東京都千代田区神田神保町一丁目一〇五番地
http://www.yamakei.co.jp/

■乱丁・落丁のお問合せ先
山と溪谷社自動応答サービス　電話〇三－六八三七－五〇一八
受付時間／十時～十二時、十三時～十七時三十分（土日、祝祭日を除く）
■内容に関するお問合せ先
山と溪谷社　電話〇三－六七四四－一九〇〇（代表）
■書店・取次様からのお問合せ先
山と溪谷社受注センター　電話〇三－六七四四－一九一九
ファクス〇三－六七四四－一九二七

フォーマット・デザイン　岡本一宣デザイン事務所
印刷・製本　株式会社暁印刷
定価はカバーに表示してあります

Printed in Japan ISBN978-4-635-04843-9